留学生专业汉语系列教程

丛书主编　龙又珍

中南财经政法大学本科留学生课程体系建设及教学资源开发项目（31410011401/114）成果

经济汉语

主　编　牛长伟　陈国涛
副主编　黄　娟　骆　琳

WUHAN UNIVERSITY PRESS
武汉大学出版社

图书在版编目(CIP)数据

经济汉语/牛长伟,陈国涛主编.—武汉：武汉大学出版社,2022.1
留学生专业汉语系列教程/龙又珍主编
ISBN 978-7-307-22448-3

Ⅰ.经…　Ⅱ.①牛…　②陈…　Ⅲ.经济—汉语—对外汉语教学—教材　Ⅳ.H195.4

中国版本图书馆 CIP 数据核字(2021)第 139456 号

责任编辑:白绍华　　责任校对:李孟潇　　版式设计:马　佳

出版发行：**武汉大学出版社**　(430072　武昌　珞珈山)
(电子邮箱：cbs22@ whu.edu.cn　网址：www.wdp.whu.edu.cn)
印刷：湖北恒泰印务有限公司
开本:720×1000　1/16　印张：10.75　字数:255 千字　插页:1
版次:2022 年 1 月第 1 版　2022 年 1 月第 1 次印刷
ISBN 978-7-307-22448-3　定价:39.00 元

总　　序

“留学生专业汉语系列教程”是一套面向中级汉语水平来华留学生的汉语教材，适用于在中国接受本科或研究生相关专业学历教育以及对中国人文、法律、经济等领域感兴趣的留学生或相关教研人员、业余爱好者。

教学实践表明，留学生在中文授课语境中学习专业课时，会面临专业词汇、特有句式以及文化背景差异等鸿沟，而 HSK 四级或五级水平仅能满足留学生日常生活需要，无法使其顺利实现从生活汉语到专业汉语的过渡。此外，近年来教育部强调要加强对来华留学生中国法律法规、国情校情和文化风俗等方面的教育，增进中外学生的交流和友谊，增强来华留学生对中国发展的理解和认同，讲好中国故事，传播好中国声音。因此，在上述背景下，我们尝试编写一套关于中国文化、法律、经济等领域的专业汉语教材，既能促使留学生提升相关专业汉语水平，又能增进其对中国文化、法律、经济领域的了解。

该系列教程包括《人文汉语》《法律汉语》《经济汉语》三部教材，每部教材各 15 课。为确保教材的专业性和实用性，每部教材的编写团队由专业学院教师和对外汉语教师共同组成。教材整体设计思路和体例大致相同，具体内容根据不同学科的特点略有差异。教材选文来自相关专业期刊论文、科普性文章、新闻报道及具体案例，我们根据留学生的汉语水平对选文语言进行了适当改编，使之既不失作者原意，又适应于对外汉语教学。此外，我们根据留学生需求筛选、注释了专业词汇、特有句式并精心设计了课后练习，以便在读懂选文大意的基础上反复巩固专业汉语知识。教材初稿完成后，我们在中南财经政法大学来华留学本科生中试用了一学年，然后根据学生反馈对教材进行了修改、补充，并最终定稿。

该系列教程获得中南财经政法大学中央高校教育教学改革项目及校级教学研究项目的资助，相关课程的开设也得到学校教务部及国际教育学院的大力支持。此外，教材编写团队成员及武汉大学出版社领导和编辑们在本教程编写和出版过程中付出甚多，在此我们表示由衷的感谢！

由于编者水平及精力有限，首批仅推出《人文汉语》《法律汉语》《经济汉语》三部教材。随着来华接受学历教育的留学生不断增多，各学科和专业汉语的交融也会愈加深入，相信未来会有涉及更多学科的专业汉语教材问世。

前　言

《经济汉语》是一本面向经济学专业以及对经济学感兴趣的其他专业的来华留学本科生、研究生的高级汉语教材。与普通汉语教材相比，该教材的课文选题偏重于经济学领域，课文内容突出经济学常识、词汇、句式和案例，其可使学生在提高汉语水平的同时，还能熟悉和积累经济学词汇、句式，从而实现从汉语学习到专业学习的过渡。该教材适用于汉语水平达到中级及以上的学习者，尤其适合准备进入中国大学学习经济学专业的留学生。

该教材的编写遵循了语言学习的基本规律，按照“导读→课文→词汇→注释→练习”的顺序进行编排。导读部分一般选择与课文内容相关的两个专业词汇来进行课堂引入。课文部分均选自报纸、期刊或网络上与经济学密切相关的文章，并按照微观经济学(1~5课)、宏观经济学(6~10课)和中国经济(11~15课)的章节布局进行选材。为使选取的文章更易于课堂教学，分别对其进行了不同程度的删略和改编。词汇部分主要选取汉语水平考试四级词汇以外的词汇，并对课文中出现的经济学专业词汇进行了单独罗列注释。普通生词的拼音和注释主要参考了商务印书馆出版的《现代汉语词典》(第7版)，为使其更易于学习者理解，对部分词汇注释进行了适当改编。专有名词的注释均由经济学专业教师进行编写校对。生词的词性标注采用了缩略语的形式，对照如下：“名”即名词、“动”即动词、“形”即形容词、“副”即副词、“代”即代词、“量”即量词、“成”即成语，“专名”即专有名词，未标注词性的为短语。注释部分主要是从课文中挑选提炼出的语法点和句式，并配以针对性练习进行训练。练习部分分别从词汇、句式、语段、写作、阅读等方面对学生掌握该课知识的情况进行综合考查。

出版之前，该教材曾在留学生本科汉语课堂试用了两个学期，授课对象均具有汉语水平考试四级及以上水平，学生专业大部分为经济学专业。在教材试用的过程中，积累一些经验，在此给出一些教学建议。

该教材共计15课，建议设置一门4学分、64课时的课程。每课讲授以4课时为宜，全册共计60课时，另专门设置4课时供学生课内讨论或课外调研。每课课时具体安排建议如下：导读、课文、生词、注释四部分的讲授时间共计约3课时，练习部分的讲授时间约1课时。教师授课时可以按“导读→课文→词汇→注释→练习”的顺序进行，也可根据学生的实际情况、备课要求或讲授习惯，将词汇部分提前至课文部分之前。另外，需要注意的是，课程的学时可根据学生的实际汉语水平和专业需求进行适度的增加或缩减。对于汉语水平较高或已进入经济学专业学习的学生可将授课内容做适度拓展，增加授课的知识面，适当提高学生对专业知识掌握的要求；对于汉语水平一般或非经济学专业的学生，可适当减少授课内容，并降低学生对专业知识掌握的要求。

一本教材的编写离不开团队的合作，该教材的主编负责课文的选题与改编、教材规划与审核，副主编负责课文词汇、注释、练习的提炼与加工(副主编的编撰字数均达到了8万余字)。在编写教材的四年时间里，团队成员经过了无数次线上与线下的交流，对教材的选题、结构、篇幅等问题进行了多次讨论，曾数易其稿，现终成于册，呈现于此。

另外，在教材编写过程中，我们参考了大量的专业论文和书籍，感谢这些前贤的最新研究成果，极大地提高了教材的专业水准。但由于种种原因，尚有未能联系上的作者，我们在教材中均做出了标注。该教材虽经过多次校对，但肯定尚存纰漏，诚恳地欢迎教材使用者批评指正。

最后，特别感谢丛书主编龙又珍老师，给团队编写该教材的机会。特别感谢武汉大学出版社的领导和编辑对该教材出版所付出的努力。

目　　录

微观经济

第一课　市场的供给与需求

一、知识导读

供给(gōng jǐ)：在一定时期和一定价格水平下，生产者愿意并且能够为市场提供商品或服务的数量。

需求(xū qiú)：在一定时期和一定价格水平下，消费者愿意并且能够购买的商品或服务的数量。

二、课文

卖桔者言

香港的年宵市场，在年宵的那一晚，需求的变动是很快很大的。变动的方向大致上是大家都预先知道的。一千块钱的一棵桃树可在几个小时之间变得一文不值。若不是买卖双方在期待上有了分歧，上好的桃树怎么会被丢在街头而无人要呢？卖不出跟亏本卖出有什么分别？同样一枝桃花，有人用两百元买，也有人用五十元买，是否浪费？年宵货品不断变动的价格是怎样决定的？供给与需求在期待上的分歧是怎样产生的？这些问题既难解又重要。

为了在这些问题上多一点了解，我决定在年宵的那一晚亲自去卖桔。这算是我的第二次经验。第一次是一年前的年宵。那次连天大雨，年宵当晚更是倾盆大雨。摆了数天的桔子十之八九都因雨水过多而掉了下来。我见大势已去，无心恋战，成本数十元一盆的桔子，以五元清仓了事，亏了数千元。

今年卷土重来，也是意不在酒①。进货两百多盆，每盆成本四十元，卖不出是不能退货的。除送给亲友一小部分外，剩下的大约两百盆决定在年宵晚上八点在借来的一个行人众多的摊位上开始出售。这数量比一个普通摊位一晚上的销量要大上好几倍。我和三个朋友一起出售的是四季桔，由于附近摊位卖桔的人并不多，所以凌晨三点半左右便将桔子全部卖出了。

全部卖出并不一定是有钱赚的，赚钱与否要看每盆桔子平均售价的高低。在全部卖出

---

① 选自北宋欧阳修《醉翁亭记》中的“醉翁之意不在酒，在乎山水之间也”，表示本意不在此，而在别的方面。

的前提下，进货的多少、价格的高低、价格变化的快慢、讨价还价的方法等对销售都很重要。我们两百盆桔子的平均售价大约是每盆五十五元(最高八十元、最低二十元)，若盆数减半，盈利则会变高。我们所赚得的就是那些送给亲友的桔子。而我自己从卖桔中所领悟到的经济学含义，却是大有所值!

九点左右，开门迎客。年宵市场没有不讲价这回事。无论开价多少，顾客大多讲价。整晚我们只有五六盆桔子是按开价卖出的。因为一般顾客都知道年宵市场是要讨价还价的，所以不讲价就很难成交。在这种情况下，我们的开价是预备要降的。每个顾客知道的信息不同，所以成交价格也不一样。卖桔的人都想以最高的价格、最快的速度将全部商品出售。我们最开始的开价是每盆八十元，最低以六十元出售。十一点开始下雨，开价立减；半小时后雨停了，开价立加。午夜后开价减到七十元。这一小时内顾客最多，他们都以为午夜后可以买到便宜货，所以讲价的人较多。在这之后，降价次数逐渐增多，到最后每盆开价仅三十元。

同样的商品，同样的成本，以不同的价格出售，叫作价格歧视。这是经济学上的一个热门话题。要在同时同地以不同的价格将桔子出售，我们四个人就要分开售卖，尽量将顾客分开。若要将桔子出售，就要使顾客相信自己所付的价钱是“特价”。但若没有价格歧视，生意是很难不亏本的。买卖双方因此都有不诚实的行为。

价格分歧现象众所周知，不值得大惊小怪。但在经济学上，年宵卖桔的经验却使我领悟到几个重要的含义。在所有的经济学课本上，都会提到使用价格歧视必须有两个条件：第一个条件是要将市场分开或将顾客分开。经济学者都认为在同时、同地将顾客分开是不可能的。这个观点显然是错的。只要买者相信自己讲的价够便宜，他就不会再犹豫，也不想去告诉别人自己的买价。第二个条件是付不同价钱的顾客的需求弹性一定有所不同——付较高价钱的顾客的需求弹性系数一定是较低。这个条件也是错的。掌握信息较少的人付价较高，而掌握的信息的多少跟需求弹性的系数却没有一定的关系。

有些经济学者认为在某些情况下，价格歧视是唯一可以赚钱的方法。那就是说，不讲价是会亏本的。史德拉(G. Stigler)教授不同意这个观点。但我卖桔的经验却认为这是没有错的。如果有机会，史德拉能在年宵期间来港，我会邀请他到街头一起去卖桔子。

(作者：张五常，有部分删改。)

三、生词

1.	预先	副	yù xiān	在事情发生或进行之前。
2.	一文不值	成	yī wén bù zhí	东西没有价值。
3.	分歧	动、名	fēn qí	(思想、意见、记录等)不一致或不一致的地方。
4.	亏本	动	kuī běn	做生意损失了本钱。
5.	倾盆大雨	成	qīng pén dà yǔ	雨水像从盆里泼出来一样。比喻雨下得很大很急。

6.	十之八九	成	shí zhī bā jiǔ	比喻有极大的可能性。
7.	大势已去	成	dà shì yǐ qù	有利的形势已经错过，前途没有了希望。文中指错失了卖桔子的好时机。
8.	无心恋战	成	wú xīn liàn zhàn	没有心情去留恋战事。文中指不想再继续卖桔子。
9.	清仓	动	qīng cāng	将剩余的商品全部卖出。
10.	了事	动	liǎo shì	使事情结束。
11.	卷土重来	成	juǎn tǔ chóng lái	比喻失败后，重新开始。
12.	进货	动	jìn huò	商店为销售而购进货物。
13.	成本	名	chéng běn	生产和销售一种产品所需的全部费用。
14.	退货	动	tuì huò	把买来的货物退给原出售方。
15.	摊位	名	tān wèi	设置卖货摊的地方。
16.	销量	名	xiāo liàng	销售的数量。
17.	凌晨	名	líng chén	天快亮的时候，也指夜里十二点后至天快亮的一段时间。
18.	前提	名	qián tí	事物发生或发展前应具备的条件。
19.	讨价还价	成	tǎo jià huán jià	卖主讨价，买主还价，指买卖双方商议商品的价格。
20.	盈利	名	yíng lì	获得的利润。
21.	领悟	动	lǐng wù	理解。
22.	含义	名	hán yì	(词、句等)所包含的意义。
23.	大有所值		dà yǒu suǒ zhí	有很大的价值。
24.	讲价	动	jiǎng jià	讨价还价。
25.	开价	动	kāi jià	说出价格。
26.	成交	动	chéng jiāo	交易成功，做成了买卖。
27.	预备	动	yù bèi	准备。
28.	午夜	名	wǔ yè	半夜，夜里十二点前后。
29.	逐渐	副	zhú jiàn	表示程度或数量逐步慢慢地增减。
30.	热门	名	rè mén	指吸引许多人的事物。
31.	尽量	副	jǐn liàng	表示力求在一定范围内达到最大限度。
32.	特价	名	tè jià	特别降低的价格。
33.	众所周知	成	zhòng suǒ zhōu zhī	大家全都知道。
34.	大惊小怪	成	dà jīng xiǎo guài	形容对不奇怪的事情感到很惊讶。
35.	犹豫	形	yóu yù	拿不定主意。
36.	系数	名	xì shù	用来表示某种性质的程度或比例的数，如安全系数。
37.	唯一	形	wéi yī	只有一个的。

专有名词：(请安排在课文出现该专名的右侧部分)

1.	年宵市场	nián xiāo shì chǎng	中国香港地区在每年农历十二月二十四举办的自由贸易市场。
2.	四季桔	sì jì jú	桔子的一个种类。(Citrus mitis)
3.	价格歧视	jià gé qí shì	商品或服务的提供者在向不同的接受者提供相同等级、相同质量的商品或服务时，在接受者之间实行不同的销售价格或收费标准。(Price Discrimination)
4.	需求弹性	xū qiú tán xìng	在一定时期内，商品需求量的相对变动对于该商品价格的相对变动的反应程度。一个人对某种商品的需求会随着对其拥有量的增加而减少，而商品价格的升高或降低会影响这种需求的变化。(Demand Elasticity)

四、综合注释

1. 这些问题既难解又重要。

“既A又B”，表示A和B两种状态同时存在，A和B一般用形容词或动词。

①这道菜既便宜又好吃。

②这个工作非常适合我，我既会说英语又会说汉语。

③我既喜欢他又讨厌他，喜欢他的帅气，讨厌他的脾气。

☞ **练一练：完成下列句子。**

(1)李明多才多艺，既________又________。

(2)每天走路上班，既________又________。

(3)拒绝塑料袋，提倡自带购物袋，既________又________。

(4)每天看手机的时间太长了，既________又________。

(5)我觉得喝茶很好，既________又________。

2. 摆了数天的桔子十之八九都因雨水过多而掉了下来。

“十之八九”，成语，比例达到了80%或90%，比喻有极大的可能性。该成语还可以活用为“十之一二”“十之七八”，来表达事情发生的可能性大或小。

①这么晚了他还没来，今天十之八九不会来了。

②这件事十之八九是他做的。

③人们常说，人生不如意事十之八九。

☞ **练一练：用“十之八九”改写句子。**

(1)看天上的乌云，一会儿很可能会下雨。

→________________。

(2)这些人中的绝大多数人都在看手机。

→________________。

(3)你说的谜语，我已经快猜出来了。

→________________________________。

(4)你说的话我不相信，因为很可能是空话。

→________________________________。

3. 赚钱与否要看每盆桔子平均售价的高低。

“与否”，是(这样)或者不是(这样)，表示比较正反两方面情况，后面的句子一般也会出现两种情况。

①这一次考试成功与否，全看你努力不努力了。

②一个国家强盛与否、人民富裕与否，都与经济实力的强弱紧密相连。

③不论你同意与否，我都会坚持这样做。

☞ **练一练：完成下列句子。**

(1)一个国家发达与否，________________________。

(2)判断一个人成熟与否，______________________。

(3)这件事合法与否，__________________________。

(4)飞机准点与否，____________________________。

(5)这个药品安全与否，________________________。

4. 无论开价多少，顾客大多讲价。

“无论……都……”，是无条件复句。前一个分句提出两种或两种以上的情况，后一个分句说明结果不会改变。前一个分句可使用连词“无论、不论、不管”，后加“选择问句、正反问句、特殊问句、多么+形容词”；后一个分句一般用副词“都”来呼应。

①无论明天下雨还是不下雨，我都会按时参会。(选择问句)

②不管你饿不饿，我都要去吃饭了。(正反问句)

③不论花多少钱，都要把你的病治好。(特殊问句)

④这件衣服不论多么贵，她都要买。(多么+形容词)

☞ **练一练：完成下列句子。**

(1)无论结果怎么样，__________________________。

(2)不管遇到什么困难，________________________。

(3)无论你是中国人还是外国人，________________。

(4)________________，大家都应该遵守规则。

(5)________________，你们都不应该放弃挑战。

☞ **练一练：改正句子。**

(1)不管你喜爱音乐，都应该学会欣赏。

________________________________。

(2)无论天气多么冷，也他要每天早上坚持跑步。

________________________________。

(3) 不论他现在的工作很好，他决定离开这个城市。

________________________________。

5. 盈利、赢利、营利

盈利：<名> yíng lì 扣除成本后获得的利润。

赢利：<动>yíng lì 获得利润。<名> 同“盈利”。

营利：<动>yíng lì 谋求利润。

①今年经济环境不好，公司只有很少的盈利/赢利。

②今年这家公司终于赢利了。

③这家机构是公益机构，不以营利为目的。

☞ **练一练：选择合适的词语填空。**

(1) 一个国家的公立大学一般都是非__________大学。(盈利、赢利、营利)

(2) 传染病暴发后，大家外出变少了，大部分商店、饭店、酒店只有一点点__________。(盈利、赢利、营利)

(3) 经过艰难的转型，这家百年老字号终于由亏损转为__________了。(盈利、赢利、营利)

五、综合练习

1. 给句中划线词注音。

(1) 虽然我来中国很多次<u>了</u>(　　)，但对中国文化还是不很<u>了</u>(　　)解。

(2) 由于食物和饮用水的供<u>给</u>(　　)出现了问题，政府紧急<u>给</u>(　　)我们送来了物资。

(3) 开车前，一定要把安全带<u>系</u>(　　)好，这样安全<u>系</u>(　　)数才会高。

(4) 为了准确地记录你的<u>重</u>(　　)量，你必须<u>重</u>(　　)新做一次测量。

(5) 租房子真是麻烦事，<u>便</u>(　　)宜的房子都不是很方<u>便</u>(　　)。

(6) 都借书这么久了，你怎么<u>还</u>(　　)没有去图书馆<u>还</u>(　　)书呢？

2. 选择合适的词语填空。

(1) 束　　枝　　棵　　朵

a. 奶奶家的院子里长着一________大柳树。

b. 天放晴了，晴空万里，偶尔从头顶飘过几________白云。

c. 头发太长了，我要把额头前的一________头发剪掉。

d. 又到二月份了，剪下一________梅花插在花瓶中，清香扑鼻。

(2) 讲价　　开价　　买价　　特价

a. 为了筹集去西藏的路费，他把________为2000元的吉他便宜出售了。

b. ________商品谢绝________。

c. 他一开始________太高，大家听完价格后都离开了。

(3)预先　预备　期待

a. 为应对冬季流行性感冒，家里________了很多口罩。

b. 他一直________成为一名演员。

c. 先生，您的行李已经________送到了您的房间。

(4)一文不值　大势已去　无心恋战　卷土重来　讨价还价

a. 两国的外交人员为了各自的利益，已经________两个月了，还没有达成协议。

b. 有时候你认为很珍贵的东西，在别人眼里可能________。

c. 今年冬天，各国都在严格控制人口流动，以防呼吸类传染病________。

d. 围棋比赛已经过半，甲方虽很早就看出________，但还是坚持到了最后。

e. 面对世界足球强队，球员们还未上场就已________，准备认输了。

3. 用所给词语改写句子。

(1)来到异国他乡生活，适应不适应要看每个人适应能力的强弱。(与否)

____。

(2)大家都知道，改革开放为中国经济的发展提供了强劲的动力。(众所周知)

____。

(3)去年在路边摊淘的这件古董，没想到价值这么大，捡了个大便宜。(大有所值)

____。

(4)突然，天空乌云密布，大雨下得太大，连打伞都没有用。(倾盆大雨)

____。

(5)大家看到这场景都很平静，只有他感到很惊讶。(大惊小怪)

____。

4. 排列顺序，组成语段。

(1)a. 只要能抓住老鼠

b. 不管白猫还是黑猫

c. 就都是好猫

d. 邓小平有一句话说

e. 这句话体现了中国经济体制改革的精神　　(　　)

(2)a. 既简单

b. 既方便

c. 又快捷

d. 购物时使用支付宝或微信支付

e. 又安全　　(　　)

5. 调研写作。

生活中，有很多关于“供给与需求”的案例，请你仔细观察体验，选择一个有趣的案例，用文字记录下来。

六、拓展阅读

“一带一路”的供给与需求

“一带一路”(The Belt and Road)是“丝绸之路经济带”和“21世纪海上丝绸之路”的简称。2013年9月和10月，中国国家主席习近平分别提出建设“一带一路”的合作倡议。

丝绸之路是一条起始于古代中国，连接亚洲、非洲和欧洲的古代陆上商业贸易路线。最初的作用是运输古代中国出产的丝绸、瓷器等商品，后来成为东方与西方在经济、政治、文化等诸多方面进行交流的主要道路。

丝绸之路从运输方式上，主要分为陆上丝绸之路和海上丝绸之路。

陆上丝绸之路，是指西汉(公元前202年—公元8年)汉武帝派张骞出使西域而开辟的商贸路线，以首都长安(今西安)为起点，经凉州、酒泉、瓜州、敦煌、中亚国家、阿富汗、伊朗、伊拉克、叙利亚等而达地中海，以罗马为终点，全长6440千米。这条路被认为是连结亚欧大陆的古代东西方文明的交汇之路，而丝绸则是最具代表性的货物。

海上丝绸之路，是指古代中国与世界其他地区进行经济文化交流交往的海上通道，最早开辟于秦汉时期。从广州、泉州、宁波、扬州等沿海城市出发，从南洋到阿拉伯海，甚至远至非洲东海岸的海上贸易路线。

在古代，中国向丝绸之路沿线国家提供丝绸、瓷器、茶叶等产品，从沿线国家进口香料、胡椒、玻璃、棉花等产品。在古代交通不便的背景下，世界各国将自己的优势产品与别国的产品进行交换，是一种供给与需求的表现形式。当前，中国面临产能过剩、外汇资产过剩，中国油气资源、矿产资源对国外的依存度高等供给与需求的矛盾，通过“一带一路”将两者进行转换，以此实现合作共赢。

当今世界，中国经济和世界经济高度关联。中国坚持对外开放的基本国策，构建全方位开放新格局，深度融入世界经济体系。推进“一带一路”建设既是中国扩大和深化对外开放的需求，又是加强和亚欧非及世界各国互利合作的需求，中国愿意在力所能及的范围内承担更多责任义务，为人类和平发展做出更大的贡献。

随着“一带一路”合作范围的不断扩大，合作领域也将更为广阔。它不仅给参与各方带来了实实在在的合作红利，也为世界贡献了应对挑战、创造机遇、强化信心的智慧与力量。

(改编自百度百科词条“一带一路”)

根据以上短文回答问题。

1. 古代丝绸之路的作用是什么？

2. “一带一路”的意义是什么？

第二课　春晚的消费怪圈

一、知识导读

消费欲望(xiāo fèi yù wàng)：消费者对物品的一种缺乏的感觉和想得到满足的愿望，它是人们一切经济活动的根本动机。人在消费某种特定的物品时，其欲望是有限的。

边际效用(biān jì xiào yòng)：消费者对某种物品的消费量每增加一个单位所增加的额外满足度。在其他条件不变的情况下，一种物品的供给持续增加，在达到一定程度后，它所产生的效用将会下降。

二、课文

吃苹果与看春晚

小时候我曾经去过一个果园，那次经历给我留下了深刻的印象。那个年代，经济落后，平时很难吃到苹果。一进果园，看到树上的苹果，我就垂涎欲滴。当果园主人告诉我可以随便吃的时候，我兴奋地跳了起来，于是开始了我的苹果大餐。第一个苹果是那么的好吃，以至于我急不可耐地吃了第二个，感觉依然不错，一直吃到第七个苹果，感觉才平淡下来，但是还是忍不住吃了第八个苹果。结果正是这第八个苹果给我带来了大麻烦。吃了第八个苹果后没多久，我就感觉肚子开始疼。闹肚子以后，我才后悔不应该吃这第八个苹果。

从20世纪八十年代初开始，中国老百姓在过春节的年夜饭中增添了一份欢乐，那就是春节联欢晚会。1982年第一届春晚在当时娱乐业还不发达的中国引起了很大的轰动。晚会的节目成为中国老百姓街头巷尾、茶余饭后津津乐道的话题。晚会年复一年地办下来了，投入越来越大，技术越来越先进，场面越来越宏大，节目也越来越丰富。但不知从哪一年起，人们对春晚的评价却越来越差，原先街头巷尾、茶余饭后的赞美之词变成了一片批评声，春晚成了一道众口难调的大菜，晚会也陷入了“年年办，年年骂；年年骂，年年办”的怪圈。

吃苹果与看春晚看似是不相关的两件事，但两者的背后都隐含了一个经济学原理，那就是边际效用递减规律。人们消费物品是为了得到效用，而效用就是被满足的程度，边际效用则是最后增加的物品所带来的满足程度。边际效用递减规律是说，在其他条件不变的前提下，当一个人在消费某种物品时，随着消费量的增加，他从中得到的效用是越来越少的，这种现象普遍存在，被视为一种规律。边际效用递减规律虽然是一种主观感觉，但在它的背后也有生理学的基础：反复接受某种刺激，反应神经就会越来越迟钝。在我吃苹果的往事中，第一个苹果感到特别好吃，由于刺激反应弱化，第二个苹果就不如第一个那么好吃了，第八个苹果就递减成了负效用，从而给我带来了麻烦。同样，第一届春晚让人们欢呼雀跃，但举办次数多了，由于刺激反应弱化，尽管节目本身的质量在变好，但人们对晚会节目的感觉却越来越差了。

边际效用递减规律一直在影响我们的生活，尽管有时我们没有意识到。在大多数情况下，边际效用递减规律决定了第一次最重要。难怪人们最难忘的是自己的初恋，最难忘的是恋爱中第一次约会的地点。在日常买衣服的过程中，我们会发现同样的产品，一般情况下第二件都会打折，其实这就用到了边际效用递减规律。因为人们在消费的时候，对第一件衣服的消费欲望非常强烈。当人们得到第一件以后，其需求欲望就会下降。如果不进行降价或者打折，人们基本上是不会购买的，所以商家常常使用“两件八折”“买一送一”的销售方法。

人们常说“物以稀为贵”①，这句话的背后隐含的经济学原理就是边际效用递减规律。商品价值的高低主要取决于成本和效用两大方面，在成本既定的情况下，主要就看效用了。但在决定商品价值高低时，不是总效用，而是边际效用在起作用。以水和钻石为例，从总效用的角度来看，水是生命之源②，而钻石不过是装饰之物，前者不知要比后者重要多少倍。但由于决定商品价值的是边际效用，而边际效用又是递减的。钻石数量不多，那么最后一颗钻石的边际效用就很大。而水的数量非常丰富，最后一滴水的边际效用就递减到了几乎一文不值的程度。假如水的数量和钻石一样少的话，那么水的价值不知会比钻石高出多少。明白了这一原理，我们就能够解释生活中的很多事实。

（作者：李仁君，选自《海南日报》，有部分删改。）

三、生词

1.	深刻	形	shēn kè	内心感受程度很深的。
2.	印象	名	yìn xiàng	客观事物在人的头脑里留下的迹象。
3.	落后	形	luò hòu	发展水平较低。
4.	垂涎欲滴	成	chuí xián yù dī	垂涎：流出的口水。形容非常想吃的样子。
5.	急不可耐	成	jí bù kě nài	急得不能等待。形容心情很急切。
6.	依然	副	yī rán	表示情况持续不变。
7.	平淡	形	píng dàn	形容很平常，不特别。

① 事物因稀少而觉得珍贵。在经济学上，“稀”不是指物品数量绝对稀少，而是相对于需求而言的。供给出现不足，有需求的“稀”才有价值。

② 生命的开始的地方，泛指水资源。

8.	忍	动	rěn	不让情绪或感觉表现出来。
9.	闹肚子		nào dù zi	肚子疼，着急拉大便。也说“拉肚子”。
10.	年夜饭	名	nián yè fàn	农历除夕晚上全家人团聚在一起吃的饭。
11.	增添	动	zēng tiān	添加，加多。
12.	欢乐	形	huān lè	快乐(多指集体的)。
13.	届	量	jiè	用于定期的会议或毕业的班级等。
14.	娱乐业	名	yú lè yè	娱乐：使人快乐。与娱乐有关的行业。
15.	发达	形	fā dá	(事物)已有充分发展。
16.	轰动	动	hōng dòng	同时惊动很多人。
17.	街头巷尾	成	jiē tóu xiàng wěi	形容城市里的各个地方。
18.	茶余饭后	成	chá yú fàn hòu	喝茶、吃饭后的一段空闲休息时间。
19.	津津乐道	成	jīn jīn lè dào	很感兴趣地谈论。
20.	投入	动、名	tóu rù	把资金用于工农业或商业；指投入的资金。
21.	场面	名	chǎng miàn	一定场合下的情景。
22.	宏大	形	hóng dà	巨大。
23.	评价	动、名	píng jià	判断并确定价值的高低；确定的价值。
24.	赞美	动	zàn měi	用言语表达对人或事物的优点的喜爱。
25.	众口难调	成	zhòng kǒu nán tiáo	吃饭的人多，很难适合每个人的口味。比喻不容易使所有的人都满意。
26.	怪圈	名	guài quān	比喻难以摆脱的某种怪现象(多指不好的事)。
27.	隐含	动	yǐn hán	含有，但感觉不明显。
28.	原理	名	yuán lǐ	具有普遍意义的道理。
29.	消费	动	xiāo fèi	为了生产或生活需要而消耗物质财富或接受有偿服务。
30.	满足	动	mǎn zú	感觉已经足够了。
31.	主观	形	zhǔ guān	属于自我意识方面的。与“客观”相对。
32.	刺激	动	cì jī	声、光、热等引起生物体活动或变化。
33.	神经	名	shén jīng	生物体内传递兴奋信号的组织。
34.	迟钝	形	chí dùn	(感官、思想、行动等)反应慢。
35.	弱化	动	ruò huà	变弱，使变弱。
36.	负	形	fù	小于零的。与“正”相对。
37.	欢呼雀跃	成	huān hū què yuè	高兴得像麻雀一样跳跃。形容非常欢乐。
38.	意识	动	yì shí	开始知道(以前没注意到的事)(常跟“到”字连用)。
39.	欲望	名	yù wàng	想得到某种东西或想达到某种目的的要求。
40.	取决	动	qǔ jué	由某方面或某种情况决定(常跟“于”字连用)。

41.	既定	形	jì dìng	已经确定。
42.	钻石	名	zuàn shí	一种贵重的宝石。
43.	装饰	动	zhuāng shì	在身体或物体的表面加些东西，使美观。

专有名词：

1.	春节联欢晚会	chūn jié lián huān wǎn huì	电视台在每年除夕之夜为庆祝春节而开办的综合性文艺晚会。简称为“春晚”(Spring Festival Gala Evening)
2.	生理学	shēng lǐ xué	生物学的一个分支，研究生物的功能、生命活动规律的科学，包括人体生理学、动物生理学、植物生理学等。(Physiology)
3.	刺激反应	cì jī fǎn yìng	约翰·沃森(John B. Watson)所建立的“刺激—反应”原理，指出人类的复杂行为可以被分解为刺激和反应。人的行为是受到刺激的反应。刺激来自于身体内部的刺激和体外环境的刺激，而反应总是随着刺激而出现的。(Stimulate Response Theory)

四、综合注释

1. 第一个苹果是那么的好吃，以至于我急不可耐地吃了第二个。

“以至(于)”，连词，用在下半句话的开头，表示由于上文所说的动作、情况的程度很深而造成下文的结果。

①这件事情发生得太突然了，以至于我不知该说什么好。

②他在地铁上看书太专心了，以至于错过了好几站。

③考试太难了，以至于我们班只有五个人及格。

☞ **练一练：完成下列句子。**

(1)今天的作业太多了，以至于____________________。

(2)天空突然下起了大雨，以至于____________________。

(3)他的表演是那么的精彩，以至于____________________。

(4)____________________，以至于人人都夸他好。

(5)____________________，以至于大家都不想叫醒他。

2. 晚会年复一年地办下来了。

“年复一年”，成语，一年又一年。比喻日子久，时间长。也形容时间白白地过去。与此类似的还有“日复一日”“夜复一夜”“周复一周”“月复一月”等。

①作为军人，他们年复一年地守卫着边境线，保卫国家。

②日复一日地坚持跑步，体重一定可以减下来。

③地铁检修工人夜复一夜地认真检查每一条线路和每一辆列车，以确保每日的运营安全。

☞ **练一练：用“……复一……”改写句子。**

(1)老教授已经90多岁了，每周都坚持站着上完课。

→____。

(2)每月10日是发奖学金的日子，这几年每月都是如此。

→____。

3. 投入越来越大，技术越来越先进，场面越来越宏大，节目也越来越丰富。但不知从哪一年起，人们对春晚的评价却越来越差。

“越来越……”，用来比较人或事物的数量或程度随着时间的变化而不断变化。多个“越来越……”常常一起使用，使篇章的表达力更强，前后句子之间的关系可以顺承，也可以转折。

①人们的生活质量越来越好，追求也越来越高。

②大家感觉到工资越来越高了，但买到的东西却越来越少了。

③毕业后，虽然工作越来越忙，空闲时间越来越少，但学习的愿望却越来越强烈。

☞ **练一练：用“越来越……”完成下列句子。**

(1)我刚来武汉时不喜欢吃热干面，______________________________。

(2)随着人们环保意识的增强，______________________________。

(3)科技越来越发达，______________________________。

(4)______________________________，你怎么还在玩手机。

(5)______________________________，大家都在准备出游计划。

4. 难怪人们最难忘的是自己的初恋。

“难怪”，副词，表示明白了原因，对某种情况就不再觉得奇怪。与“怪不得”类似。

①天气预报说今晚有大雨，难怪现在这么闷热。

②今天晚上这里有晚会表演，难怪这么多人在这儿等着。

③他穿着高科技泳衣游泳，难怪游得这么快。

☞ **练一练：用“难怪”完成下列句子。**

(1)他的爸爸原来是中国人，______________________________。

(2)截至2019年，中国有五千多座火车站，____________________。

(3)北京故宫有六百多年的历史了，______________________。

(4)这位教授的课讲得特别好，__________________________。

(5)他对汉语很感兴趣，______________________________。

☞ **练一练：选择正确的词语填空。**

(1)他们可以做到，________你就不能做到吗？(难怪、难道、难免)

(2)这个电影这么难看，________票房这么低。(难怪、难道、难免)

(3)刚毕业的大学生，找工作________会遇到很多困难。(难怪、难道、难免)

5. 水是生命之源，而钻石不过是装饰之物，前者不知要比后者重要多少倍。

"前者""后者"是代词，分别指上文提到的前一种情况和后一种情况，以此来避免重复表达。与此类似的还有"两者""三者"等，指上文提到的两种或三种情况。

①本科毕业后是去工作还是继续读研呢？我倾向于后者。

②哥哥和弟弟在学习上各有所长，前者英语学得好，后者数学学得好。

③经济和法律都是很重要的学科，两者我都感兴趣。

☞ **练一练：用"前者""后者"或"两者"来替换句中划线的词。**

(1)坐飞机和坐高铁各有优势，<u>坐飞机</u>速度快、时间短，<u>坐高铁</u>上车方便、价格便宜。

(2)他想去英国或美国留学，<u>英国</u>与<u>美国</u>相比，学制要短一些。

(3)茶以清雅著称，咖啡以浓醇见长，所以<u>茶和咖啡</u>我都喜欢。

五、综合练习

1. 写出下列词语的反义词。

落后(　　)　　赞美(　　)　　主观(　　)

弱化(　　)　　平淡(　　)　　稀少(　　)

迟钝(　　)　　负(　　)　　可口(　　)

2. 把下列成语补充完整，然后选择其中合适的成语改写句子。

垂(　)欲滴　　急不可(　)　　街头(　)尾

茶(　)饭后　　津津乐(　)　　众口难(　)

欢呼(　)跃　　物以稀为(　)

(1)飞机快要起飞了，而我还堵在路上，真是让人着急啊！

____

(2)听到球队夺冠的消息，大家高兴得跳了起来。

____

(3)传染病暴发以来，口罩价格上涨了好几倍，因为供小于求嘛。

____

(4)看到满桌子的菜，小伙儿们的口水都要流出来了。

____

(5)他要看电影，而你要看新闻，真是没办法满足你们的要求。

____

(6)那件助人为乐的好事，至今仍然会被人谈起。

____

3. 用所给句式或词语改写句子

(1)今天在操场跑了二十圈，回到宿舍后腿都软了。(以至于)

________________________________。

(2)隔壁宿舍有人过生日，怪不得这么晚了还这么吵。(难怪)

________________________________。

(3)他考上大学的消息在小山村里算是个大新闻了。(引起……轰动)

________________________________。

(4)很多地区的经济发展走进了“先污染环境，后治理环境，再污染环境”的循环。(陷入……怪圈)

________________________________。

(5)不要再吃这些烂苹果了，它们会让你肚子疼。(闹肚子)

________________________________。

4. 排列顺序，组成语段

(1)a. 并未放弃对美好生活的追求

b. 但依然乐观地面对生活

c. 尽管他们遇到了很多困难

d. 一路走来

e. 他从小跟着爷爷奶奶一起生活　　　　(　　)

(2)a. 春晚的出现正好满足了人们的需求。

b. 电视业的快速发展

c. 为春节联欢晚会的产生提供了技术前提和保障

d. 再加上当时人们的文化生活单一

e. 二十世纪八十年代　　　　(　　)

5. 调研写作

在生活中，“边际效用递减规律”无处不在，比如购物时的“两件八折、三件七折”等。你在网上买过东西吗？是否遇到过类似的经历？请记录下来，并解释商家打折的原因。

____

____

____

____

____

____

____

____

____

六、拓展阅读

珍珠翡翠白玉汤

明朝开国皇帝朱元璋在打天下的时候，有一次打了败仗，连夜逃到一个破庙，又冷又饿就昏了过去。一个好心的乞丐将剩饭、白菜和豆腐加水煮过后端给朱元璋吃。朱元璋饥饿至极，狼吞虎咽，把一锅热乎乎的汤一口气全喝了。他觉得这辈子从来没吃过这么好吃的东西，就问："这是什么呀，这么好吃？"乞丐不好意思说这是剩菜剩饭，毕竟看着他像个大将军，就撒了个谎："这叫珍珠翡翠白玉汤。"后来，朱元璋做了皇帝，山珍海味吃腻了，于是发榜在全国寻找那个乞丐，就是为了再吃一口当年的珍珠翡翠白玉汤。只可惜当同样的汤端到朱元璋面前时，却再也没有了当年的味道。

这个故事告诉我们，世界上最好吃的东西，叫做饿。英国经济学家劳埃德(Lloyd, William Forster)在1833年提出，商品价值只表示人对商品的心理感受，取决于人的欲望和欲望被满足的程度。他说，边际效用总是递减的。那什么叫边际效用递减呢？就是指消费者在一段时间内连续消费同一种商品时，所带来的满足感会越来越低。比如，我喜欢吃包子，在饿了一天以后，吃第一个包子感觉特别香；吃第二个的时候也还不错；到第三、四个的时候，觉得包子虽然好吃，可也不是非吃不可；到第五、六个的时候，已经饱了；接下来再吃就会撑得不舒服。这时候，第七个包子带来的就不再是满足感，而是负面的感受，也就是负效用。

如果你是管理层，要学会利用员工的"喜新厌旧"。假如你想通过涨工资来刺激员工的工作热情，第一次给这个员工涨了一千元之后，这个员工会很激动。但是第二次、第三次还是涨一千元，估计这个效果就会大打折扣。若想要避免这种情况，就需要采取不同的激励措施。比如，第二次就考虑给员工报名参加升职培训，或者代表公司参加比较重要的商业活动。第三次可以奖励车位或者带薪休假。这样，或许你就可以花较少的钱，却能得到更好的效果。因为刺激的手段不同，边际效用的递减就变得不那么明显。

（作者：小雪；来源：知乎；略有删改。）

根据以上短文回答问题。

1. "珍珠翡翠白玉汤"比山珍海味还好吃，对吗？为什么？

____

____

2. 管理层在激励员工时是怎么避免"边际效用递减"的？

____

____

第三课　格兰仕的规模经济

一、知识导读

平均成本(píng jūn chéng běn)：某一种产品或劳务的成本在一定范围和时期内的平均水平。

规模经济(guī mó jīng jì)：某一种产品在一定的产量范围内，随着产量的增加，其平均成本会不断降低。

二、课文

格兰仕的发展之路

美国著名作家马克·吐温(Mark Twain)曾说过："把所有鸡蛋都装进一个篮子里，然后看好这个篮子。"借用到企业发展上来说，就是选择一个有发展前景的行业，然后集中力量去发展它。格兰仕将微波炉做大做强的思想就与之不谋而合。

格兰仕是中国微波炉行业的著名品牌，它在这个行业独步天下的奥秘就是集中一点，抓住规模经济这张牌。

20世纪九十年代初，格兰仕开始进入微波炉行业。不到十年时间，它就成为国内乃至国际上最大的微波炉制造企业。回顾格兰仕的发展之路，它能从千万家默默无闻的小厂中脱颖而出，其良好的企业发展道路功不可没。

1992年以前，格兰仕是一家以生产羽绒服为主的乡镇企业。在国内羽绒服市场还比较好的时候，厂长梁庆德毅然决定寻找新的突破口。当时，格兰仕所在的广东顺德已是中国最大的家电生产基地。如当时最大的冰箱厂——容声、空调厂——华宝、电风扇厂——美的、热水器厂——万家乐。这些企业的产品都是当时的热销产品。然而梁庆德经过考察，决定选择不被人重视的微波炉作为他投资的方向。

1992年至1995年，我国的经济处于高速发展时期，许多企业进行了大规模的多元化经营。格兰仕这时不仅没有进行多元化，反而进行全面收缩，将企业的资源全部集中于微波炉的开发、生产与销售。

1995年，格兰仕微波炉在中国市场处于领先地位后，仍在努力寻求规模经济，以获得成本领先。在经济学中，我们一般把规模经济定义为：由于生产规模扩大而导致长期平均成本下降的情形。它反映了企业的生产规模与产品成本之间的一种规律，也就是企业合理的生产规模所带来的劳动生产率的提高。Adam Smith 曾描述过他参观的一个针厂。他所看到的工人之间的专业化分工和规模经济给他留下了深刻的印象。由于专业化分工，针厂每个工人每天可以生产几千枚针。他得出的结论是，如果工人选择独立工作，而不是作为一个团队来工作，那他们每人每天肯定制造不出 20 枚针，或许连一枚也造不出来。换句话说，由于专业化分工，大针厂可以比小针厂实现更高的人均产量和每枚针更低的平均成本。当然，企业的生产规模并非越大越好，当企业规模超过一定限度之后，产量增加的幅度就会小于生产规模扩大的幅度，这时就出现了所谓的“规模不经济”，反而会导致长期平均成本上升。

格兰仕的生产能力在 1995 年达到了 50 万台，1996 年 100 万台，1997 年 200 万台，1998 年 450 万台。从 1996 年开始，格兰仕一方面迅速扩大自己的生产能力，另一方面又在获得规模经济的基础上，通过降价和促销来扩大市场，提高市场占有率。格兰仕进行了两次大规模的降价促销，两次降价高达 60%，使微波炉的平均价格由 1995 年的 2000 元降到 2000 年的 700 元左右，迫使许多企业退出了该行业的竞争，也使一部分企业望而却步。当然，格兰仕并没有单一地寻求生产上的规模经济，它同时还努力寻求技术上的突破，不断开发新产品，以此来刺激市场需求。

格兰仕的成功就是运用规模经济的典型案例。微波炉生产的最小经济规模为 100 万台，早在 1996 至 1997 年之间，格兰仕就达到了这一规模。随后，规模每上一个台阶，生产成本就下降一个台阶。这就为企业产品的降价提供了条件。格兰仕的做法是，当生产规模达到 100 万台时，会将出厂价定在规模为 80 万台的企业的成本价以下；当规模达到 400 万台时，会将出厂价调到规模为 200 万台的企业的成本价以下；在规模达到 1000 万台以上时，会把出厂价降到规模为 500 万台的企业的成本价以下。这种在成本下降的基础上所进行的降价，是一种合理的降价。降价的结果是将产品价格高的企业一次又一次地大规模淘汰，使行业不断集中，同时也使行业的规模经济水平不断提高，由此带动整个行业的社会必要劳动时间不断下降，进而带来整个行业的生产成本不断下降，最终导致产品的市场价格不断下降，使消费者获得更多的实惠。

（作者：刘斌，选自《南方都市报》，有部分删改。）

三、生词

1.	前景	名	qián jǐng	将要出现的景象。
2.	行业	名	háng yè	工业和商业中的分类，泛指职业的分类。
3.	微波炉	名	wēi bō lú	一种利用微波加热食物的电器。（microwave oven）
4.	不谋而合	成	bù móu ér hé	没有事先商量而和其他人的意见或行动完全一致。
5.	品牌	名	pǐn pái	产品的牌子，特指著名产品的牌子。

6.	独步天下	成	dú bù tiān xià	超出同类之上，在世界上不存在可以与之相比的。
7.	奥秘	名	ào mì	还没有被认识的秘密。
8.	牌	名	pái	一种娱乐用品，如扑克牌(poker)。
9.	乃至	连	nǎi zhì	甚至，也说“乃至于”。
10.	回顾	动	huí gù	想过去的事。
11.	默默无闻	成	mò mò wú wén	不出名；不被人知道。
12.	脱颖而出	成	tuō yǐng ér chū	比喻人的才能全部显示出来。
13.	功不可没	成	gōng bù kě mò	功劳非常大，不能被忘记。
14.	羽绒服	名	yǔ róng fú	内部填充羽绒的上衣。(down jacket)
15.	厂长	名	chǎng zhǎng	负责工厂一切事务的领导。
16.	毅然	副	yì rán	一点也不犹豫。
17.	突破口	名	tū pò kou	比喻解决难题的关键地方。
18.	基地	名	jī dì	作为某种事业基础的地区。
19.	热销	动	rè xiāo	(商品)受欢迎而销售得快。
20.	考察	动	kǎo chá	到现场去观察调查。
21.	投资	动	tóu zī	为达到一定目的而投入资金。
22.	收缩	动	shōu suō	使数量由多变少；使事物由分散到集中。
23.	开发	动	kāi fā	发现或寻找人才、新技术等供使用。
24.	领先	动	lǐng xiān	水平、成绩等处于最前列。
25.	规律	名	guī lǜ	事物之间的内在的本质联系，这种联系不断重复出现，决定事物的发展。
26.	分工	动	fēn gōng	分别从事各种不同而又互相补充的工作。
27.	枚	量	méi	跟“个”相近，多用于形体小的东西。
28.	限度	名	xiàn dù	最高或最低的数量或程度。
29.	幅度	名	fú dù	事物变动的大小。
30.	所谓	形	suǒ wèi	所说的。
31.	迫使	动	pò shǐ	用强力或压力使(做某事)。
32.	望而却步	成	wàng ér què bù	看到了危险或自己做不了的事就往后退，不敢前进或接受。
33.	寻求	动	xún qiú	寻找追求。
34.	台阶	名	tái jiē	指门前或坡道上供人上下的物体，还可比喻事物的等级。
35.	淘汰	动	táo tài	在选择中去除(不好的、弱的或不适合的)。
36.	实惠	名、形	shí huì	实际的好处；有实际的好处。

专有名词：

1.	乡镇企业	xiāng zhèn qǐ yè	中国的乡镇村集体经济组织、农村村民兴办的集体所有制企业、合作企业和个体企业的统称。(Township Enterprise)
2.	多元化经营	duō yuán huà jīng yíng	企业经营不局限于一种产品或一个产业，而实行跨产品、跨行业的经营扩张。(Diversified Operation)
3.	劳动生产率	láo dòng shēng chǎn lǜ	用单位时间内生产某种产品的数量或单位产品所需的劳动时间来表示的生产快慢的指标。(Labor Productivity)
4.	规模不经济	guī mó bù jīng jì	因生产规模太大而导致生产效率下降、单位产品成本提高的现象。(Diseconomies of Scale)
5.	市场占有率	shì chǎng zhàn yǒu lǜ	企业某一产品的销售量在市场同类产品中所占比重。也叫作“市场份额”。(Market Shares)
6.	社会必要劳动时间	shè huì bì yào láo dòng shí jiān	在正常的生产条件、社会平均劳动熟练程度和劳动强度下，制造某种产品所需要的劳动时间。(Socially Necessary Labor Time)

四、综合注释

1. 抓住规模经济这张牌。

“抓住……这张牌”“用好……这张牌”等句中的“牌”原指一种娱乐用品，用在这些句中后，泛指在对抗或竞争中可以使用的条件。

①我们有了这张王牌，在谈判中就会处于有利地位。

②改革开放以来，中国一直紧抓经济建设这张牌。

③双方都在争取他这张牌，因为他在这次选举中的作用很大。

☞ **练一练：选择合适字填空。**

牌　啤　脾　碑　卑　婢

(1)在这次总统选举中，对方使出了(　　)鄙的手段。

(2)到了青岛，一定要喝两杯当地的(　　)酒。

(3)会议室的门(　　)号不见了，昨天被人摘掉了。

(4)中国古代的富贵人家，一般都由(　　)女来打理家务。

(5)你的臭(　　)气要改一改了，不然大家都不愿意跟你做朋友。

(6)这座石(　　)是为了纪念在战争中死去的人民。

2. 不到十年时间，它就成为国内乃至国际上最大的微波炉制造企业。

“乃至”，连词，表示达到最大范围。相当于“甚至”，也可说成“乃至于”。

①目前，90后、00后乃至10后都已经成为大众文化产品的主要消费者。

②袁隆平院士的“超级水稻”亩产已连续突破800斤、900斤乃至1000多斤了。

③这个问题，70%、80%乃至90%的人都回答不出来。

☞ **练一练：用“乃至”改写句子。**

(1)她非常喜欢旅游，北京、上海、广州和西藏都留下了她的足迹。

→______________________________。

(2)他喜欢吃面食，兰州拉面、北京炸酱面、武汉热干面和西藏青稞面他都吃过。

→______________________________。

(3)弟弟很喜欢开车，摩托车、小汽车、公交车和大卡车都开过。

→______________________________。

3. 或许连一枚也造不出来。

“连A也/都B”，表达最不可能发生的事情发生了。“连”后面的A一般选择“B最不可能”的那个。上句中A为“一枚”，B为“造不出来”。我们知道“造出一枚针”是最简单的、最可能发生的，所以“造不出一枚针”是最不可能发生的，也就是说，最不可能的事情发生了。

①最近我连看电影也没兴趣。

②房间里连一个人都没有。

③这件事连我都知道了，他当然知道。

☞ **练一练：用“连……也/都……”完成下列句子。**

(1)他对北京非常熟悉，______________________________。

(2)会议快开始了，留给我们的时间不多了，______________。

(3)武汉的热干面非常有名，______________________________。

(4)这位教授的课非常受欢迎，____________________________。

(5)晚上教室里有很多学生在自习，________________________。

4. 换句话说，由于专业化分工，大针厂可以比小针厂实现更高的人均产量和每枚针更低的平均成本。

“换句话说”，是指换一个角度来说前面提到的事情。一般是前一种说法比较难懂，所以后面用相对简单的说法来解释或强调。与此类似的还有“也就是说”。

①这个地区四分之三的土地，换句话说，21平方公里，都是用来种植棉花的。

②教学必须手和脑相结合，换句话说，不仅要靠力气，还要靠智慧。

③你刚才的反应很不自然，也就是说，不是来自内心的。

☞ **练一练：完成下列句子。**

(1)你不要相信他说的话，换句话说，____________________。

(2)今年这部电影的票房最高，换句话说，____________________。

(3)你们去玩吧，我今天有点累了，换句话说，____________________。

(4)____________________，换句话说，我讨厌你。

(5)____________________，换句话说，这手机我买不起。

5. 占有率、生产率。

"率"，读lǜ，指两个相关的数在一定条件下的比值。如出勤率、重复率、成功率、失败率、出生率、死亡率、通过率等。

①发达国家的人口出生率普遍较低。

②这个月你的出勤率太低了，工资会受到影响。

③今年五月份我们学校HSK五级的通过率很高。

☞ **练一练：用括号中的词改写句子。**

(1)这种病很难治，一百个病人中会有八十多个死亡。(死亡率)

→____________________________________。

(2)你这篇论文不能发表，因为大部分是抄袭的。(重复率)

→____________________________________。

(3)挑战世界最高峰——珠穆朗玛峰的人中多数是坚持不到山顶的。(成功率)

→____________________________________。

(4)受经济危机的影响，很多人失去了工作。(失业率)

→____________________________________。

(5)这个电视节目很受欢迎。(收视率)

→____________________________________。

五、综合练习

1. 给句中划线词注音。

(1)这家工厂<u>率</u>(　　)先将产品的合格<u>率</u>(　　)控制在了99%。

(2)这件事<u>没</u>(　　)有你的帮忙是不可能完成的，你功不可<u>没</u>(　　)啊。

(3)请大家<u>调</u>(　　)整一下情绪，<u>调</u>(　　)动一下周围人的积极性。

(4)跟其他产品相比，我们的产品利润虽然在下<u>降</u>(　　)，但我们不会投<u>降</u>(　　)。

(5)共享单车的兴起改变了自<u>行</u>(　　)车<u>行</u>(　　)业的发展模式。

2. 选择合适的词语填空。

(1)家　　枚　　种　　台

a. 搬家后，旧洗衣机就被淘汰了，又新买了一________。

b. 这是一________特制的绿茶，清爽可口。

c. 往前一直走，拐弯处有一________银行。

d. 在院子里散步时，我低头一看，发现了一________硬币。

(2)不谋而合　　默默无闻　　脱颖而出　　望而却步

a. 在众多选手中，他凭借优美的舞蹈表演________。

b. 他在这个岗位上________地干了四十多年。

c. 这家餐厅饭菜价格太贵，很多人看到价格后就________了。

d. 我和你的想法________，都举手赞成。

3. 用所给句式或词语改写句子。

(1)雷达无法侦察到的飞机就是大家常说的隐形飞机。(所谓)

________________________________。

(2)祝贵公司的规模越办越大。(上一个台阶)

________________________________。

(3)未来几年，在线教学将会是学历教育的发展趋势。(有前景)

________________________________。

(4)这家公司现在是行业第一，几乎没有竞争对手。(独步天下)

________________________________。

(5)我们要大力开发新产品，以此来替代旧产品。(淘汰)

________________________________。

4. 排列顺序，组成语段。

(1)a. 留学生来中国留学时

b. 这样才会被允许进入专业学习

c. 需要跟中国学生一起上专业课

d. 所以一般需要先学好汉语　　(　　)

(2)a. 反而瘦了很多

b. 他不但没有变胖

c. 另一方面还要照顾老人

d. 因为他一方面要照顾孩子

e. 假期里　　(　　)

5. 调研写作。

中国有很多规模很大的企业，你能说出几个？请选择其中一个，查找相关资料，试着用自己的话写出这家企业的发展之路。

六、拓展阅读

春都集团的扩张之路

春都集团的前身是1958年由国家投资成立的洛阳市冷冻厂，当时职工不足百人。1968年，洛阳地区食品公司与洛阳市冷冻厂合并，成立了洛阳食品购销站，1979年2月更名为洛阳肉联厂。1986年洛阳肉联厂投资了火腿肠生产项目。1987年8月，中国第一根被命名为“春都”的火腿肠在洛阳诞生，并迅速在市场走红。“春都”火腿肠的生产能力在短短几年间增加了100倍，却依然无法满足市场的需求。销售额从2亿多元增加到20多亿元，年利润达2亿多元。

也许成功来得太容易，春都集团很快兼并了十几家亏损企业，新增了医药、饮料、木材、酒店、房地产等多个经营项目，洛阳当地的饮料厂、药厂、木材厂等一大堆与肉食加工不相关的亏损企业都被春都集团收购。

几年的扩张，春都集团的资产平均每年以近6倍的速度递增，由3950万元迅速膨胀到29.69亿元。然而，扩张不但没有为春都集团带来多少收益，反倒使企业背上了沉重的负担。春都集团兼并和收购的17家企业中，半数以上亏损，近半数关门停产。作为中国最大的火腿肠生产基地，春都一度成为中国火腿肠的代名词，其市场占有率最高达到70%以上。如今春都集团的上百条生产线全部停工，企业亏损高达6.7亿元，并且欠下了13亿元的债务。

回顾春都集团从崛起到衰落的道路，其由一个新兴且快速崛起的产业迅速由盛转衰的原因是多方面的。由于生产规模扩张过快、过大，导致集团内部管理效率低下，使其进入规模不经济阶段。春都集团由于不具备大企业的管理水平，所以它就难以支撑和运作自己的庞大规模。规模虽然是上去了，但效益却下来了，质量也下来了，市场占有率也下来了，以至于得不偿失，损失惨重。在市场上，春都集团不但没能有力地与竞争对手展开竞争，反而反应迟钝，最终被竞争对手淘汰出局。

（作者：王锋、杨春华，选自《保山师专学报》）

根据以上短文回答问题。

1. 春都集团的发展道路是什么？

____

____

2. 春都集团为什么最后被淘汰了？

____

____

第四课　中国电信业的竞争与垄断

一、知识导读

竞争(jìng zhēng)：两个或两个以上的主体在特定的机制、规则下，为达到各方共同的目的而作的较量，并产生各主体获取不同利益的结果。

垄断(lǒng duàn)：唯一的卖者在一个或多个市场，通过一个或多个阶段，面对竞争性的消费者。垄断者在市场上，能够随意调节价格与产量。

二、课文

寻求中国电信业竞争与垄断的均衡点

在古典经济学的理论中，竞争与垄断是被理想化了的模型。著名的“马歇尔难题”认为，竞争会促进行业发展，形成规模经济，使企业走向垄断；而垄断则会排挤代表高效生产的竞争者。于是，两者就形成了一对难解难分的矛盾。

在新古典经济学理论中，将不受阻碍和干扰、且能够进行完全竞争的市场结构看作理想化的模型。在这种理想化的模型中，权力与地位均衡的企业在追求利润最大化的同时，也能实现最佳的资源配置、最佳的生产效率以及个人和社会福利的最大化。然而在现实中，并非每个企业都可以通过操纵市场来形成行业垄断。事实上，垄断的产生，从内部来看，是由企业通过积累和扩张而形成的规模经济；从外部来看，政府的特许、法律的约束乃至资源的垄断都在发挥着至关重要的作用。

中国电信业由一家独大到开始拆分、再发展，以至到今天出现了几大运营商共存的现状，就是通过“有效竞争”使“马歇尔难题”在现实经济中重要体现。

最初，中国电信业处于完全垄断的状态，这导致了一系列的问题，严重限制了电信业的发展。为了促进发展和打破垄断，中国政府对电信运营企业进行了一系列的拆分和重组，逐步形成了竞争局面。到今天，中国电信业形成了中国电信、中国联通、中国移动等多家基础电信企业和4000多家增值电信企业相互竞争的市场局面。这样看来，竞争是有利于通信行业的快速扩张与发展的。

与此同时，中国电信业在竞争中也出现了一些不良现象。一是在竞争初期，市场出现了“以强压弱”的局面，存在不正当竞争的现象；二是竞争导致基础设施重复建设和重复投资，使相关管理政策难以有效制定；三是资源的相互利用有限，相互合作也经历了一个相对较长的过程。

从开始打破完全垄断至今，中国电信业已经形成了相对稳定的巨头垄断竞争阶段，也正在出现所谓的“马歇尔难题”。具体表现为：一方面，各电信运营商需要通过合作来形成垄断，即产生经济规模，以此降低成本、控制市场、提高价格；但另一方面，又希望能排挤竞争对手，抢占更高的市场份额。那么，这样的垄断与竞争究竟会形成什么样的局面呢？这就产生了一个均衡问题。

中国电信业的市场竞争与合作主要体现在三个方面——价格上、资源上和市场份额上。因此，中国电信业在垄断与竞争中的均衡点也会体现在这三个方面。

首先是价格上的均衡点。不同电信运营商在运营同一产品时，为了争取更大的市场份额，一般都会采用打价格战来竞争，即相互降价的方式。然而这种价格战不会无休止地打下去，最终会停留在一个均衡的价格上。

其次是资源上的均衡点。不同电信运营商在发展过程中，需要进行大量的基础设施建设。为了降低投资成本、追求更大规模，各运营商在如何使用资源上必然存在垄断与竞争的关系。为了垄断核心资源，各运营商一般都会加大投入，但这样也就造成了重复投资。在租用其他运营商资源或投资建设时，运营商一般会考虑资源租用成本与业务收入的关系，最终产生资源需求与投入产出的均衡点。

最后是市场份额上的均衡点。虽然每个运营商都希望拥有最大的市场份额，并为此不惜资源投资和大打价格战，但由于在资源和价格上都具有均衡点，那么，在市场份额上也必然会形成一个均衡点。

（作者：陈洪海、夏洪胜，选自《商业时代》，有部分删改。）

三、生词

1.	电信业	名	diàn xìn yè	利用电话、无线电设备等传送信息的行业。
2.	均衡	形	jūn héng	相互对立的各方面在数量上或质量上相等。
3.	模型	名	mó xíng	依照实物的形状和结构按比例制成的物品。本文指一种抽象的关系结构。
4.	促进	动	cù jìn	使事物前进。
5.	排挤	动	pái jǐ	利用势力或手段使不利于自己的人失去地位或利益。
6.	高效	形	gāo xiào	效率高的。
7.	难解难分	成	nán jiě nán fēn	形容双方关系非常亲密，不容易被分离。也说“难分难解”。

8.	矛盾	名	máo dùn	相互对立的各方面互相依赖又互相排斥的一种关系。
9.	阻碍	动	zǔ ài	使不能顺利通过或发展。
10.	干扰	动	gān rǎo	打扰，使混乱或不安。
11.	权力	名	quán lì	职责范围内的支配力量。
12.	追求	动	zhuī qiú	用积极的行动来争取达到某种目的。
13.	最佳	形	zuì jiā	最好。
14.	配置	动	pèi zhì	根据需要分配和安排。
15.	操纵	动	cāo zòng	用不正当的手段支配、控制。
16.	扩张	动	kuò zhāng	扩大(势力、领土等)。
17.	特许	动	tè xǔ	特别批准允许做某事。
18.	约束	动	yuē shù	限制使不超出范围。
19.	至关重要	形	zhì guān zhòng yào	非常重要。
20.	一家独大		yī jiā dú dà	处于垄断地位，没有人可以与之相比。
21.	拆分	动	chāi fēn	将整体的事物拆开分解。
22.	运营商	名	yùn yíng shāng	提供网络服务的供应商。
23.	状态	名	zhuàng tài	人或事物表现出来的形态。
24.	系列	名	xì liè	指相互关联的相同性质的事物或现象。
25.	打破	动	dǎ pò	突破原来的限制、约束等。
26.	重组	动	chóng zǔ	(企业、机构等)重新组合。
27.	逐步	副	zhú bù	一步一步地。
28.	局面	名	jú miàn	事情在一个时期内的状态、形势。
29.	增值	动	zēng zhí	资产或商品价值增加。文中指除语音业务外的附加通信业务，使功能业务增值。
30.	通信	动	tōng xìn	利用电波、光波等信号传送文字、图像等。
31.	不良	形	bù liáng	不好。
32.	制定	动	zhì dìng	定出(法律、章程、计划等)。
33.	巨头	名	jù tóu	政治、财经、产业界等有巨大实力的集团。
34.	抢占	动	qiǎng zhàn	抢先占领。
35.	休止	动	xiū zhǐ	停止。
36.	核心	名	hé xīn	主要部分(就事物之间的关系说)。
37.	租用	动	zū yòng	以归还原物并付给一定代价为条件而使用别人的东西。
38.	不惜	动	bù xī	舍得拿出(自己的东西或力量)。
39.	必然	形	bì rán	确定的、不会改变的(与“偶然”相对)。

专有名词：

1.	古典经济学	gǔ diǎn jīng jì xué	产生于十七世纪下半叶英国、法国的经济学，主张反对封建制度，提倡自由放任，对资本主义经济制度作了初步的科学分析，揭示了资本主义社会的阶级结构和阶级间利益对立。(Classical Economics)
2.	马歇尔难题	mǎ xiē ěr nán tí	经济学家马歇尔(Alfred Marshall)认为自由竞争会导致生产规模扩大，形成规模经济，但又不可避免地造成市场垄断，而垄断又会阻止竞争，造成资源的不合理配置。(Marshall's Dilemma)
3.	新古典经济学	xīn gǔ diǎn jīng jì xué	产生于十九世纪七八十年代的经济学，其在研究方法上更注重证伪主义的普遍化、假定条件的多样化、分析工具的数理化、研究领域的非经济化、案例使用的经典化、学科交叉的边缘化。(Neoclassical Economics)
4.	生产效率	shēng chǎn xiào lǜ	在固定投入量下，实际产出与最大产出两者间的比率。(Production Efficiency)
5.	完全竞争	wán quán jìng zhēng	一种不受任何阻碍和干扰的市场结构，其中同质的商品有很多卖者，任何卖者或买者不能控制价格，资源可以随时从一个使用者转向另一个使用者。(Perfect Competition)
6.	有效竞争	yǒu xiào jìng zhēng	一种完全竞争不能保持的市场结构，至少有一个大到足以影响市场价格的买者或卖者，影响需求与供给。又称不完全竞争(Imperfect Competition)。(Workable Competition)
7.	不正当竞争	bù zhèng dàng jìng zhēng	经营者违反市场秩序、市场规则以及相应的法律规范，损害其他经营者的合法权益、扰乱社会经济秩序的竞争。(Unfair Competition)
8.	价格战	jià gé zhàn	企业之间通过降低商品的市场价格而展开的一种商业竞争行为。(Price War)

四、综合注释

1. 理想化、最大化、多样化、普遍化。

"×化"中的"化"是"变化"的意思，也就是"使……变得×"。如"绿化""美化"

“多元化”“一体化”等。

①绿化环境对人类生活和生存都有好处。

②多元化经营既有优点，也有缺点。

③城乡一体化是中国现代化和城市化发展的一个新阶段。

☞ **练一练：用“×化”改写句子。**

(1)从4G通信到5G通信，有更多的制造行业变得更加智能。

→____________________。

(2)网络在线贸易的范围越来越广泛，已延伸至全球。

→____________________。

(3)中国高等教育还需要吸引更多的留学生，稳步走向国际。

→____________________。

(4)手机支付让货币变成了数字，金钱越来越虚拟。

→____________________。

(5)汽车无人驾驶已成为现实，驾驶更加自动是发展趋势。

→____________________。

2. 事实上，垄断的产生，从内部来看，是由企业通过积累和扩张而形成的规模经济。

“×上”中的“上”表示在某一方面。“事实上”指在事实这一方面。与此类似的还有“实际上”“主观上”“客观上”“原则上”“价格上”等。

①这辆汽车虽然外表上看起来是新车，但事实上已经开了五年了。

②关于这件事，主观上，我很同情你；但客观上，我还是不能帮助你。

③这件事原则上是不允许的。

☞ **练一练：用所给词语完成句子。**

(1)这件产品看起来很复杂，其实____________________。(技术上)

(2)虽然他的职位比你高，但____________________。(年龄上)

(3)这家水泥工厂虽然产量很高，但____________________。(质量上)

(4)这项技术看起来不难，至少____________________。(理论上)

(5)他的科研做得不错，____________________。(教学上)

3. 垄断的产生，从内部来看，是由企业通过积累和扩张而形成的规模经济；从外部来看，政府的特许、法律的约束乃至资源的垄断都在发挥着至关重要的作用。

“从……来看”结构中的“从”是介词，引出动作的对象或范围，意思是“从……方面来看”。与此类似的还有“从……方面来说”“就……来看”“就……而言”。

①从打篮球的技术水平来看，他已经达到了国际水平。

②就汉语口语水平而言，你还需要更加努力。

③从环境保护方面来说，我们做的还不够。

☞ **练一练：用所给结构改写句子。**

(1)在购买能力方面，北京、上海、广州是中国最强的。(就……而言)

→________________________________。

(2)在社会影响力方面，他的作品是最大的。(从……来看)

→________________________________。

(3)在学生就业率方面，我校财经类和法律类专业最高。(就……来说)

→________________________________。

4. 最初，中国电信业处于完全垄断的状态，这导致了一系列的问题。

“一系列”，形容词，指许许多多有关联的(事物)。类似的词语还有“一连串”(行动、事情一个紧接着一个的)、“一大堆”(形容很多)、“一大把”(一只手能够握住的最大数量)、“一窝蜂”(形容许多人同时说话或行动)。

①这里还有一大堆的事情需要处理，最近真是太忙了。

②这一系列问题都是由于你的粗心造成的。

③听完他的讲座，听众提出了一连串的问题。

④这一大把韭菜够吃一顿饺子了。

☞ **练一练：用所给词语完成对话。**

(1)A：昨天你的毕业论文答辩怎么样？

B：________________________________。(一连串)

(2)A：你手里拿的是什么？

B：________________________________。(一大把)

(3)A：这辆二手车还有其他毛病吗？

B：________________________________。(一系列)

(4)A：今天你有快递要去取吗？

B：________________________________。(一大堆)

(5)A：昨晚，光谷广场的演唱会人多吗？

B：________________________________。(一窝蜂)

5. 这样看来，竞争是有利于通信行业的快速扩张与发展的。

“这样看来”中的“看来”是动词，根据经验或已知情况做出大概率的推断。值得注意的是“这样来看”与“这样看来”意思不同，前者指“从这样的角度看”，后者指“这样可以推断出”。

①雨还在下，这样看来，明天的秋游活动要取消了。

②会议已经开始半个小时了，这样看来，他应该不会来了。

③我们还应该考虑一下平均成本，这样来看，成本也不算高。

④成本增加了，但销量也上去了，这样来看，还是赚钱了。

☞ **练一练：选择合适的词语填空。**

(1)登上山顶，一眼________，城市的美景一览无余。(看来、来看、看去、看来看去)

(2)上课时要专心，不要________。(看来、来看、看去、看来看去)

(3)今天她没来上课，________真的生病了。(看来、来看、看去、看来看去)

(4)从天气方面________，明天的运动会不受影响。(看来、来看、看去、看来看去)

五、综合练习

1. 给句中划线词注音。

(1)政府对几家重(　　)要的公司进行了重(　　)组。

(2)这两个模(　　)型几乎完全一样，好像一个模(　　)子做出来的。

(3)今年公司对业务进行了拆(　　)分，这是公司发展史上的一个重要转折(　　)点。

(4)这个系(　　)列的跑步鞋没有鞋带，省去了系(　　)鞋带的麻烦。

(5)这件事已(　　)经过去，不要再给自己(　　)找麻烦了。

2. 选择合适的词语填空。

(1)后果　　结果　　成果　　效果

a. 经过一年的努力，他取得了很多重要的________。

b. 酒后驾车很危险，造成的________也很严重。

c. 这个牌子的防晒霜我用很多年了，________还不错。

d. 我昨天邀请他参加我的生日聚会，________他没来。

(2)必然　　果然　　居然　　偶然

a. 本来我以为他一定会同意去，没想到他________不同意。

b. 作息不规律________会导致疾病。

c. 有一天我________发现，原来他们俩是情侣。

d. 由于我没有认真备考，考试时________有很多题不会做。

(3)核心　　中心　　重心

a. 花园的____________有一个池塘。

b. 近期，政府的工作____________从城市问题转移到了农村问题上。

c. 这位专家在我们的团队中起到了____作用。

(4)难解难分　　一家独大　　至关重要

a. 对孩子的成长来说，家人的一言一行________。

b. 这两家一直有矛盾，到现在还吵得________。

c. 一个行业要尽量避免________的局面，不然不利于市场竞争。

3. 改写句子。

(1)国庆假期快到了，多部电影准备上映，争夺票房第一名。(抢占)

____。

(2)为了子女教育，他舍得花大价钱给孩子请外教来上课。(不惜)

______________________________。

(3)支付宝作为互联网金融的老大，对中国人的消费影响极大。(巨头)

______________________________。

(4)随着疫情的好转，国内经济正在一点一点地恢复。(逐步)

______________________________。

(5)楼上两口子昨天晚上在不停地争吵，影响了我的睡眠。(无休止)

______________________________。

4. 排列顺序，组成语段。

(1)a. 需要从现象和本质两方面来看
b. 但从本质上来看
c. 从现象上来看，两个问题存在差异
d. 它们其实是一个问题
e. 分析这两个问题 (　　)

(2)a. 因为法律可以约束人们的行为
b. 必然会导致犯罪率上升
c. 如果一个国家法律不健全
d. 一个国家需要完善的法律
e. 这样看来 (　　)

5. 调研写作。

有人说，垄断是市场竞争的必然结果。你认为这句话对吗？请结合现实中的具体案例来进行回答。

____

____

____

____

____

____

____

____

六、拓展阅读

互联网的竞争与垄断

合并作为一种有效的商业竞争手段，多年来在中国互联网领域其实并不少见。在专家看来，当前互联网巨头合并主要是因为投资方出于资本套现的需要。

2015年2月，中国最大的两家打车软件公司——快的和滴滴在经历了一年多的市场份额之争后，正式宣布合并。按当时市值估算，合并后成立的新公司估值约60亿美元，成为中国互联网历史上最大的未上市公司合并案。两个月后，生活服务平台58同城宣布与分类信息网站赶集网合并。等到10月上旬，大众点评与美团达成战略合作，双方已共同成立一家新公司。10月下旬，携程网宣布与百度达成一项股权交易，交易完成后，携程网成为去哪儿网的最大机构股东。2016年4月，优酷网和土豆网宣布完成合并交易，正式成为阿里巴巴旗下全资子公司。

这一系列互联网合并案的发生预示着行业正进入新的发展阶段，预计今后类似的案例将会越来越多。业内人士认为，在互联网的世界里，大鱼吃小鱼是竞争规则，而且通过巨头间的合并，企业不用再使用“伤敌八百，自损一千”的价格战。行业排名第一和第二的企业合二为一后，在行业的优势地位也将更为稳固。

如同硬币的两面，一系列互联网巨头合并，在催生出巨大体量的行业龙头企业的同时，也引发了业界对于涉嫌垄断的担忧和质疑。在2015年滴滴和快的宣布合并后，易到用车公开宣布向中国商务部反垄断局、国家发改委举报滴滴和快的的合并行为未按要求向有关部门申报，严重违反中国《反垄断法》，请求立案调查并禁止两家公司合并。

有专家指出，互联网行业垄断对网络经济造成了侵害，抑制了行业的创新活力。互联网垄断阻碍了中小企业独立发展，在垄断的阴影下，中小型网络企业将处于市场劣势。为此，专家呼吁，互联网垄断已经严重损害了公平竞争秩序，对于在高速成长中的中国互联网而言，应避免市场垄断现象发生，只有通过创新和有效竞争、维护公平市场竞争秩序，才能为更多互联网企业提供发展和成长空间。

（作者：高少华，选自《国际先驱导报》，有部分删改）

根据以上短文回答问题。

1. 中国互联网巨头为何频繁合并？

____

____

2. 中国互联网巨头合并后给市场带来了什么后果？

____

____

第五课 “万能”的市场经济

一、知识导读

市场经济(shì chǎng jīng jì)：通过市场供需关系和价格变动，自发地调节社会生产和流通，以实现生产要素合理地分配于各生产部门的经济运行方式。

宏观调控(hóng guān tiáo kòng)：为了促进市场发育、规范市场运行，政府对社会经济进行总体的调节与控制，最终实现资源的优化配置，保持经济持续、稳定增长。

二、课文

市场是万能的吗?

在经济学中，我们经常会讨论有关市场失灵的问题。所谓市场失灵，是指由于市场内部功能缺陷和外部条件缺陷而引起的市场机制在资源配置的方面失效。也就是说，市场机制并不总是有效的。当然，并不是所有的经济学家都赞同这一观点。

20世纪八十年代末至九十年代初，“放任自由市场，限制政府作用”的经济学理论风靡一时。曾获1992年诺贝尔经济学奖的贝克尔(Gary S. Becker)教授将这一经济学理论应用了到社会生活的各个方面。这样就会发现一个有意思的现象。如果让经济学家来观察政治、社会、教育、环境等领域的问题，他们肯定会与该行业的专家发生冲突。

贝克尔教授认为，许多学者担心的环境恶化问题，完全是杞人忧天。马尔萨斯(Thomas Robert Malthus)教授曾经担心人口增长的速度会超过地球承载的极限。杰文斯(William Stanley Jevons)教授曾经担心煤炭储量会耗尽，从而影响英国的经济增长。但事实证明，即使是有名的学者，他们的预言也是错误的。所以，贝克尔教授认为，只要放任市场，聪明的商人们就会想办法解决这些难题。关于环境问题，乐观的经济学家相信人类最后可以通过市场找到解决问题的钥匙。而持不同观点者却认为，正是人类贪婪的欲望，才是破坏环境的真正凶手。企图通过市场解决环境问题，就像饮鸩止渴，环境不但不会改善，反而会更加恶化。

于是，在激烈的辩论中，双方都在全力寻找客观证据来证明自己的论点。市场乐观派就会说：“时至今日，英国的煤炭并没有被耗尽，全世界的森林也并没有被砍伐完。”市场悲观派则会提道：“工业污染的有害物质长期积累，等到人类受到影响之时，往往已经来不及了。大量的例子表明环境恶化、资源耗尽等问题已经越来越严重了，并不是少数人庸人自扰。”面对这些不同的意见，应该如何选择，最好的办法就是要尽量了解科学家的最新研究成果，在完全掌握资料的基础上，逐渐形成自己的看法。在这一过程中，只有在积累了足够多的专业知识后，再结合经济学的理论和思维方式，才能做出正确的判断。

贝克尔教授曾写过一篇短评，他对于欧洲启动的货币一体化政策持负面看法。现在看来，确实有先见之明。他做出以上判断靠的就是市场竞争的经典理论。只要能避免出现垄断，企业之间的自由竞争就会促进经济发展和社会进步。不过，国家民族毕竟与商业企业不同。美国独立战争后，一些政治家持“各州独立”的观点。但是，当时美国的开国元老们却认为，形成“各州独立”的美国，力量不能集中，无法在世界强国中保证国家的安全。所以，他们反对当时的观点，最终形成了统一的美国。在这个例子中，应该是政治决策战胜了经济学理论。

当然，也可以举出完全相反的例子。第二次世界大战后，英镑的汇率问题就曾困扰着英国的政治家们。在综合考虑了各种复杂因素之后，英国决定让英镑汇率继续处于高估状态。这样的决策固然不无道理，但却严重地限制了英国的经济活力，从而使得英国很难维持其欧洲强国的地位。如果当年让经济学家做决策，英国的情况也许会更好一些。

（转自 https：//www. xzbu. com，有部分删改）

三、生词

1.	缺陷	名	quē xiàn	缺少必需的东西，有不足的地方。
2.	机制	名	jī zhì	一个工作系统的组织或部分之间相互作用的过程和方式。
3.	失效	动	shī xiào	失去作用或效力。
4.	赞同	动	zàn tóng	同意。
5.	放任	动	fàng rèn	让人或事物自然发展变化。
6.	风靡一时	成	fēng mǐ yī shí	一种事物在一个时期内非常流行。
7.	应用	动	yìng yòng	使用。
8.	领域	名	lǐng yù	学术思想或社会活动的范围。
9.	冲突	动	chōng tū	矛盾表面化，发生激烈争斗。
10.	学者	名	xué zhě	在学术上有一定成就的人。
11.	恶化	动	è huà	向坏的方面变化。
12.	杞人忧天	成	qǐ rén yōu tiān	比喻毫无必要的担心。
13.	承载	动	chéng zài	托着物体，承受它的重量。
14.	极限	名	jí xiàn	最高的数量或程度。
15.	煤炭	名	méi tàn	煤。(coal)
16.	储量	名	chǔ liàng	储藏的数量。
17.	耗尽	动	hào jìn	使用完了或全部损失了。

18.	乐观	形	lè guān	精神愉快，对事物的发展充满信心(跟“悲观”相对)。
19.	持	动	chí	抱有(某种见解、态度等)。
20.	贪婪	形	tān lán	对某种事物的欲望一直不满足。
21.	凶手	名	xiōng shǒu	打人或杀人的人。
22.	企图	动	qǐ tú	打算(多含贬义)。
23.	饮鸩止渴	成	yǐn zhèn zhǐ kě	喝毒酒来解渴。比喻用有害的办法解决眼前的问题，不考虑后果。
24.	证据	名	zhèng jù	能够证明事物的真实性的有关事实或材料。
25.	砍伐	动	kǎn fá	用工具把树木弄倒。
26.	悲观	形	bēi guān	精神不好，对事物的发展缺乏信心(跟“乐观”相对)。
27.	有害	形	yǒu hài	有破坏性的；可能有致命的结果的。
28.	庸人自扰	成	yōng rén zì rǎo	指本来没有问题，自己却很着急；自找麻烦。
29.	思维	名	sī wéi	人类进行分析、综合、判断、推理等认识活动的过程。
30.	短评	名	duǎn píng	简短的评论。
31.	负面	形	fù miàn	坏的、消极的一面(与“正面”相对)。
32.	先见之明	成	xiān jiàn zhī míng	事先能预料事后的结果。
33.	开国元老	成	kāi guó yuán lǎo	建国时声望高的人。
34.	决策	名	jué cè	决定的战略或策略。
35.	汇率	名	huì lǜ	两种货币之间的比价、兑换率。
36.	困扰	动	kùn rǎo	使处于困难的环境中，无法摆脱。
37.	高估	动	gāo gū	过高地估计。

专有名词：

1.	市场失灵	shì chǎng shī líng	通过市场机制对资源不能进行有效配置的情况。(Market Failure)
2.	诺贝尔经济学奖	nuò bèi ěr jīng jì xué jiǎng	经济学领域的最高荣誉，旨在奖励在经济学领域作出杰出贡献的人。(Nobel Memorial Prize in Economic Sciences)
3.	美国独立战争	měi guó dú lì zhàn zhēng	(1775—1783年)北美殖民地的革命者反抗英国统治、争取民族独立的革命战争。(American Revolutionary War)
4.	第二次世界大战	dì èr cì shì jiè dà zhàn	(1939—1945年)德国、意大利、日本为控制全世界而挑起的世界性战争。(The Second World War)

5. 经济活力 jīng jì huó lì 一个国家一定时期内经济中总供给和总需求的增长速度及潜力。(Economic Vitality)

四、综合注释

1. 即使是有名的学者，他们的预言也是错误的。

“即使……，也……”是假设让步复句。前一句说出一个假设的情况，后一句不是顺着前一句的意思出现相应结果，而重在说明结果不会受到前一句所说情况的影响。这类复句还有“就算……，也……”；“纵然……，也……”。

值得注意的是，“如果……，就……”的前一句说出一个假设的情况，后一句是顺着前一句的意思出现相应结果，这与“即使……，也……”相反。

①即使明天下大雪，你也要去上课。

②如果明天下大雪，你就可以不去上课了。

③即使我老得走不动了，也会紧紧握着你的手。

④就算你不喜欢他，也不应该当面骂他啊。

⑤纵然困难重重，你也不能轻言放弃。

☞ **练一练：完成下列假设让步复句。**

(1)即使他不答应，________________。

(2)就算他是领导，________________。

(3)________________，你也要坚持下去。

☞ **练一练：选择“即使……，也……”或“如果……，就……”填空。**

(1)________你再努力一点，你________可以通过 HSK 五级考试。

(2)________再累，他________不觉得辛苦。

(3)________晚上不睡觉，我________完不成你布置的作业。

(4)________疫情还不结束，国家的经济________会完全停滞。

2. 只要放任市场，聪明的商人们就会想办法解决这些难题。

“只要……，就……”是条件复句，前一句说明条件，后一句说明在这个条件下会出现的结果。前一句表示基本条件，有了该条件就可得到后一句结果，但也不排除存在其他条件。

值得注意的是，同为条件复句的“只有……，才……”的前一句强调唯一条件，其他条件都不能产生后面的结果。

①只要你同意这个条件，我就跟你合作。(可能存在其他“跟你合作”的条件)

②只有你同意这个条件，我才跟你合作。(不存在其他“跟你合作”的条件)

☞ **练一练：选择合适的词语填空。**

(1)这件事__________寻求政府部门帮助，才能解决。(只要、只有、如果)

(2)________________你多观察研究对象，就一定会有新发现。(只要、只

有、即使)

(3)________上天再给你我一次机会，我一定会把握住。(只有、如果、即使)

☞ **练一练：改正句子。**

(1)只要认真去做，就你会成功。

→________。

(2)只要保护好自然环境，才能保护好我们的家园。

→________。

(3)只有提前预订房间，你们可以才入住。

→________。

3. 持不同观点者、持负面看法。

“持”本义是“拿着、握着”，如“持枪”。后引申为“抱有某种见解或态度”，如“持不同意见(有不同意见)”。口语中常用“有”，“持”更书面化。

汉语中，口语用词简单，多用单音节词，如“找东西”；书面语用词讲究，多用双音节词或表示抽象概念的词语，如“寻找东西”。

①在这次讨论中，持(口语：有)反对意见的人数达到了70%。

②保护环境，不许砍伐树木(口语：砍树)。

③关于他的负面消息(口语：坏消息)太多了。

④有三类人需要特别注意，即(口语：也就是)失业者、老人和小孩。

☞ **练一练：将划线部分的词语改成口语化的表达习惯。**

(1)他连着工作了十多天，耗尽了最后一点力气，回家后倒头就睡。

________。

(2)对于考大学，他总是很悲观。但对于玩游戏，他却很乐观。

________。

(3)他们的意见冲突，没办法继续谈判了。

________。

4. 乐观派、悲观派。

“派”是指立场、见解或作风相同的人。如“反对派”指持反对意见的人，“支持派”指持支持意见的人，“少数派”指数量上不占优势的群体。

①他是一个两面派，双方的意见他都不反对。

②改革派不同意保守派的建议，他们希望改变现状。

☞ **练一练：解释划线部分的词语。**

(1)你不用替他担心，他是实力派，肯定能赢得比赛。

________。

(2)他是个典型的顽固派，谁的意见都听不进去。

________。

(3)作为强硬派的代表，他一点都不妥协，坚持自己的意见。

______________________________________。

(4)这幅画是抽象派的代表作，一般人看不懂。

______________________________________。

(5)亲美派非常支持美国的政策。

______________________________________。

5. 这样的决策固然不无道理，但却严重地限制了英国的经济活力。

“固然……，但(是)……”与“虽然……，但(是)……”相似。“固然”一般用在主语之后，“虽然”可用在主语前或主语后。

“固然……，也……”指前后两句意思不矛盾，重在说明后一句。“虽然”无此用法。

①巧克力固然(虽然)好吃，但是不能多吃。

②虽然这次大家都顺利通过了考试，但是还要继续努力。

③今天你来做饭，做得好吃固然是好，做得不好吃也没关系。

☞ **练一练：用所给提示完成句子。**

(1)手机上网固然给我们带了便利，__________________。(带来了很多困扰。)

(2)西瓜固然好吃，__________________(苹果、橘子)，我都喜欢。

(3)工作固然重要，__________________(健康)，不能因为工作而失去健康。

(4)虽然比赛进行得特别艰难，__________________(赢了)。

(5)__________________(下雨)，但雨中漫步也算是一种浪漫。

☞ **练一练：改正句子。**

(1)为了治病，固然吃药是必需了，心态也要调整好。

______________________________________。

(2)开车去购物固然方便，停车位也不好找。

______________________________________。

(3)学习英语对找工作固然帮助很大，但学习汉语对找工作有帮助。

______________________________________。

五、综合练习

1. 给句中划线词注音。

(1)我发(　　)现理发(　　)师是个光头。

(2)今天病人起床后感觉很恶(　　)心，医生说是病情恶(　　)化了。

(3)他是一个乐(　　)观的人，平时喜欢听音乐(　　)。

(4)天太热了，我口渴(　　)了，想喝(　　)水。

(5)困扰(　　)我们多年的问题真是令人担忧(　　)。

2. 写出下列词语的反义词。

有效(　　)　　赞同(　　)　　放任(　　)　　乐观(　　)
有害(　　)　　负面(　　)　　反对(　　)　　高估(　　)
胜利(　　)　　贪婪(　　)　　客观(　　)　　来不及(　　)

3. 补充成语，并选择合适的成语改写句子。

风(　)一时　　(　)人忧天　　饮(　)止渴
(　)人自扰　　先见之(　)　　开国(　)老

(1) 他没有跟大家一起去投资，因为他预料到了结果不会太好。
______________________________。
(2) 这款衣服在20世纪90年代非常流行。
______________________________。
(3) 他的成绩非常优秀，肯定可以考个好大学，你不用担心的。
______________________________。
(4) 这些有声望的人为国家的建立付出了很多心血。
______________________________。
(5) 你这样做可以解决现在的问题，但以后会带来更大的麻烦。
______________________________。

4. 用合适的词语替换句中划线的词语。

(1) 这是一个有<u>意思</u>的实验。
______________________________。
(2) 这件事不值得一提，小<u>意思</u>。
______________________________。
(3) 你就少喝点酒，<u>意思</u>一下就行了。
______________________________。
(4) 你这样做是什么<u>意思</u>？
______________________________。
(5) 看你有点要谈恋爱的<u>意思</u>啊。
______________________________。

5. 排列顺序，组成语段。

(1) a. 即使我方现在落后了三个球
b. 一心想要赢得比赛
c. 但仍然看不出要结束的意思
d. 球员们也在拼命地踢球
e. 比赛虽然已经进行到了下半场　　　　(　　)

(2) a. 因为大家认为

b. 但球员们都还比较满意
c. 锻炼一下也未尝不可
d. 比赛结果固然重要
e. 这次比赛结果虽然不理想 ( )

6. 调研写作。

有人说“市场是万能的”，你同意吗？为什么？请寻找身边的证据来证明自己的观点。

____

____

____

____

____

____

____

六、拓展阅读

看不见的手和看得见的手

社会主义市场经济应当寻求市场调节与宏观调控的最佳结合点。为了说明这个问题，有必要了解一下市场经济的发展过程，搞清楚市场经济为什么需要宏观调控，以及需要怎样的宏观调控。

人们对市场经济的认识经历了一个不断深化的过程。亚当·斯密最初的市场经济理论认为，最佳的市场经济状态是没有政府干预，即没有宏观调控的，政府只扮演“守夜人”的角色，市场这只“看不见的手”会把经济运行调整到最佳状态。1929 年的世界经济大危机，是古典市场经济理论始料不及的。1933 年，在经济危机中上任的美国总统罗斯福反对传统的自由放任，实行了一系列的干预新政，取得了积极成果。但到了 70 年代，西方国家经济出现了滞胀现象，因而又产生了主张更多市场调节的货币主义。货币主义实际上并没有完全否定宏观调控，只是更强调货币手段，并且使调控的目的、方向、角度、力度等发生了变化。

市场经济需要宏观调控这只“看得见的手”，主要是由于存在市场失灵。具体表现在以下几个方面。

其一，由于市场调节是一种事后调节，从价格形成、信号反馈到产品产出存在一定的时滞，因而会造成经济波动。为了减轻经济波动，需要政府在中长期预测的基础上制定宏观经济规划，为微观决策提供指导。

其二，外部性问题。当某些经济活动(例如污染)导致外部其他人的受益或受损没有被计入产品的价格和成本时，市场有效配置资源的前提便在一定程度上受到了破坏，需要政府干预。

其三，公共产品问题。天气预报、环境保护、社会秩序、国内法律和规章制度、基础科学和公共卫生、公共安全等公共产品在享用上不具有排他性，也就是说社会公众都可以从这些产品的提供中受益，而单个厂商却缺少提供这些产品的足够动力。这就需要政府来兴办，或者通过宏观政策加以引导。

其四，垄断问题。在规模经济效应显著的行业，市场有产生垄断的倾向，而垄断妨碍竞争和效率。因此，反垄断、保护公平竞争是政府的重要职责。

其五，公正的收入分配是社会经济稳健运行的必要条件，但市场难以有效解决这一问题，需要政府来调节。

其六，当经济出现危机时，靠市场自身的力量固然也可能恢复，但往往需时太长，经济波动过大，影响社会稳定，需要政府总揽全局，进行必要干预。

（作者：李义平，选自《人民日报》，内容有删改）

根据以上短文回答问题。

1. 人们对市场经济的认识经历了什么样的过程？

____

____

2. 作者列举了几条理由来证明市场需要政府？

____

____

宏观经济

第六课　国内生产总值的贡献与局限

一、知识导读

国内生产总值(guó nèi shēng chǎn zǒng zhí)：在某一既定时期内，一个国家内生产的所有最终物品与服务的市场价值。

经济福利(jīng jì fú lì)：人的各种欲望或需要所获得的满足和由此感受到的幸福或快乐。收入越高，分配越均，福利越好。

二、课文

GDP是如何诞生的?

GDP(Gross Domestic Product)是国内生产总值的英文名称缩写。1934年1月4日，美国商务部向国会提交了《国民收入报告(1929—1932)》，这一天被视为GDP的生日。到2014年，GDP已整整八十岁了。八十年来，GDP的指标不断完善，成绩斐然，也被誉为"二十世纪人类最伟大的发明"之一，但人们对它的质疑声也不绝于耳。

GDP的诞生

1929年，经济危机在美国爆发。当时，美国尚未建立起官方统计体系，政府缺少掌握经济全貌的关键指标，导致经济决策就如在黑暗中摸索，非常艰难。1932年，为帮助美国总统罗斯福应对经济危机，商务部与经济学家合作编制了1929至1932年美国国民收入数据。最初的统计指标是国民收入，而不是GDP。

第二次世界大战加快和完善了经济总量统计的进程。为了支持战争时期经济规划的编制，美国经济学家在国民收入统计的基础上，快速估算了当年国民生产总值数据，也就是所谓的GNP(Gross National Product)。在美国，GDP真正诞生于1965年。同年，美国统计部门首次编制各个产业的GDP数据，以便更好地掌握全国的经济生产活动。但是，直到1991年，美国才正式将GNP统计改为GDP统计，这是为了与就业、生产率等核心经济指标保持一致。

GDP的作用

首先，GDP为人们了解、判断和预测经济运行的总趋势提供了关键信息，成为诊断经济总趋势的关键指标。其次，GDP为市场主体理性决策提供了依据，有利于经济平稳运行。再次，以市场为中心的GDP统计不断完善，对市场经济起到了积极作用，促进了全球经济的市场化。最后，GDP统计为未来加强幸福感统计奠定了良好的基础。经济福利反映了幸福感，这和GDP现有的统计重心“经济生产”的关系密切。正是因为以上的成就，GDP被看作“二十世纪最伟大的发明”之一。

对GDP的质疑

最初的设计就决定了GDP并非万能指标，其局限性显而易见。80年来，GDP受到了很多质疑。二十世纪七十年代，面对石油危机的巨大冲击，质疑者认为经济增长正面临资源供给越来越紧张的约束，从而要求GDP指标应更多地关注人类社会的进步，而不仅仅是经济成就，并提出了经济福利指标等替代指标。到了八十年代后期，人类经济活动对生态环境的负面影响逐渐显露，加上欧美经济增长放缓、经济不安全感上升，质疑者再次提出GDP的补充或替代指标，如联合国1990年提出的人文发展指数。该指数是由GDP、健康与教育成就等信息综合而成，提高了人类对生活质量改善的重视。2000年以来，随着人们对部分官方统计数字的信任度下降，GDP也面临着信任危机。最初设计的GDP本来就不是万能指标。事实上，国民经济专家一再提醒，GDP本来是统计与经济活动相关的数据，尤其是产生货币交易的经济活动，若将其作为社会进步或者经济福利指标则会有一定的局限性。

GDP的未来

人类发展和社会进步的重心已从“经济生产”转向“世代幸福或可持续的幸福”。幸福包括以下内容：物质生活水平(财富、收入、消费)、健康、教育、个人活动(包括工作)、政治发言权和治理、社会联系和关系、环境、经济和人身安全等。可以看到，以上许多内容在传统的经济活动统计中被忽视了。幸福感应以物质幸福为起点。物质幸福是幸福的重要部分，直接受到国民净收入、居民可支配收入和消费的影响。物质幸福跟GDP的关系更密切。因此，GDP这一生产统计指标在未来的统计系统中仍具有重要作用，但需要围绕“幸福感”作进一步完善。

(作者：刘仕国、吴海英，选自《人民日报》，有部分删改。)

三、生词

1.	诞生	动	dàn shēng	(人)出生；也可指新事物的出现。
2.	国会	名	guó huì	一些国家的最高权力机关。
3.	指标	名	zhǐ biāo	计划中规定达到的目标。
4.	完善	动	wán shàn	使应该有的都有，变得越来越好。
5.	斐然	形	fěi rán	非常明显。
6.	誉	动	yù	称赞。
7.	质疑	动	zhì yí	提出疑问。

8.	不绝于耳	成	bù jué yú ěr	声音在耳边不断地响。
9.	爆发	动	bào fā	突然发生。
10.	尚未		shàng wèi	还没有。
11.	统计	动	tǒng jì	总括地计算。
12.	体系	名	tǐ xì	有关的事物或意识互相联系而构成的一个整体。
13.	全貌	名	quán mào	事物的全部情况。
14.	摸索	动	mō suǒ	试着探索着行进。
15.	艰难	形	jiān nán	困难。
16.	应对	动	yìng duì	采取措施、对策以应付出现的情况。
17.	编制	动	biān zhì	编写制订。
18.	进程	名	jìn chéng	事物发展变化或进行的过程。
19.	规划	名	guī huà	比较全面的、长远的发展计划。
20.	估算	动	gū suàn	根据已有的数据大概地计算出有关的数值。
21.	趋势	名	qū shì	事物发展的动向。
22.	诊断	动	zhěn duàn	在给病人做完检查之后判断病人的病情。本文指根据 GDP 来判断经济趋势。
23.	理性	形	lǐ xìng	属于判断、推理等活动的(与“感性”相对)。
24.	奠定	动	diàn dìng	稳固地建立。
25.	密切	形	mì qiè	关系近。
26.	成就	名	chéng jiù	事业上的成绩。
27.	局限性	名	jú xiàn xìng	受限制的或受约束的性质。
28.	显而易见	成	xiǎn ér yì jiàn	(事情、道理)非常明显，很容易看清楚。
29.	冲击	动	chōng jī	强大的水流或力量迅速猛烈地撞击。
30.	替代	动	tì dài	代替。以甲换乙，起乙的作用。
31.	显露	动	xiǎn lù	原来看不见的变成看得见。
32.	放缓	动	fàng huǎn	变得慢。
33.	补充	动	bǔ chōng	在主要事物之外追加一些。
34.	一再	副	yī zài	一次又一次。
35.	世代	名	shì dài	好几辈子。
36.	持续	动	chí xù	照原来样子继续下去。
37.	财富	名	cái fù	具有价值的东西。
38.	发言权	名	fā yán quán	说话或发表意见的权利。
39.	忽视	动	hū shì	不注意；不重视。
40.	净	形	jìng	纯。文章“净收入”指除去支出部分的收入。
41.	支配	动	zhī pèi	对人或事物起控制的作用
42.	围绕	动	wéi rào	以某个问题或事情为中心。

专有名词：

1.	经济危机	jīng jì wēi jī	一个或多个国民经济或整个世界经济在一段比较长的时间内不断收缩，经济增长率为负。(Economic Crisis)
2.	国民收入	guó mín shōu rù	一个国家在一定时期内物质资料生产部门的劳动者新创造的价值的总和。(National Income)
3.	国民生产总值	guó mín shēng chǎn zǒng zhí	一定时期内一个国家居民在国内和国外所生产的全部最终产品和劳务的市场价值总和。(Gross National Product)
4.	石油危机	shí yóu wēi jī	石油价格在短时间内的急剧变化对世界各国经济造成不利影响，进而所导致的经济危机。(Oil Crisis)
5.	联合国	lián hé guó	第二次世界大战结束后于1945年成立的国际组织，总部设在美国纽约。(United Nations)
6.	人文发展指数	rén wén fā zhǎn zhǐ shù	用于衡量一个国家经济社会的发展水平。(Human Development Index)
7.	国民经济	guó mín jīng jì	一个国家的生产、流通、分配和消费的总体，包括各个生产部门和为生产服务的流通部门以及文化、教育等非生产部门。(National Economy)

四、综合注释

1. 这一天被视为 GDP 的生日。

GDP 的指标不断完善，成绩斐然，也被誉为“二十世纪人类最伟大的发明”之一。

正是因为以上的成就，GDP 被看作“二十世纪最伟大的发明”之一。

“视”有“看作”之意，“誉”有“称赞”之意，都可进入“被+(名词)+动词+为”格式，表示“被看作”。如果“被×为”后面是“最×”，往往后面加“之一”。与此类似的还有“被称为”“被选为”“被聘为”“被定为”等。

①这位教授被(学生)选为今年“最受学生欢迎的老师”之一。

②塑料袋被视为“二十一世纪最糟糕的发明”之一。

③上海被誉为东方明珠。

☞ **练一练：完成下列句子。**

(1)在这次班会中，他被________为____________________。

(2)鉴于他们的杰出表现，他们被________为________________。

(3)中国高铁被________为____________________。

(4)中国香港被________为________________。

(5)中国武术被________为________________。

2. 到 2014 年，GDP 已整整八十岁了。八十年来，GDP 的指标不断完善。

"整整"用在数量词前，表示达到了一个整数，与"正好""恰好"意思相似，均表示一个确数。

"八十年来"中的"来"是"以来"的意思，表示时间从过去某个时间点持续到现在。值得注意的是，"来"还可用在数量词后面表示概数，与"大约""左右""差不多""多""上下"等意思相近，如"买了二十来个/大约二十个/二十个左右/差不多二十个/二十多个/二十个上下"。

①千百年来，他的事迹一直被人传颂着。

②他在家整整三十天没有出门。

③他个子不高，看起来三十来岁。

☞ **练一练：选择合适的词语填空。**

(1)他的体重 200 ____________公斤，医生建议他控制饮食、勤锻炼。(左右、来、差不多)

(2)他的体重 200 公斤____________，医生建议他控制饮食、勤锻炼。(差不多、来、上下)

(3)他的体重____________200 公斤，医生建议他控制饮食、勤锻炼。(差不多、来、多)

3. 美国统计部门首次编制各个产业的 GDP 数据，以便更好地掌握全国的经济生产活动。

"以便"，连词，用在下半句的开头，表示使下文所说的目的容易实现。与此类似的词语还有"以便于""为了"等。

①每一位学生都要上好每一门课，以便四年后能顺利毕业。

②做好安全宣讲，以便于处理突发情况。

③为了考出好成绩，他们俩最近总是熬夜学习。

☞ **练一练：完成下列句子。**

(1)你要听医生的话，按时吃药，以便________________________。

(2)作为中文授课的留学生，一定要学好中文，以便________________。

(3)听课时要做好笔记，以便于________________________。

(4)来到中国，要学会网上购物，以便________________________。

(5)传染病流行时期，大家出门要戴好口罩，以便________________。

4. 首先、其次、再次、最后。

"首先、其次、再次、最后"是常用的表达先后顺序的连接词。与此类似的还有"第一、第二、第三……""其一、其二、其三……""接着、然后……"等。

①学习首先要努力，其次要讲究方法。

②想成功需要做到三点：其一目标得当，其二方法得当，其三努力得当。

③从这里去最近的汉口银行，需要先向前走，接着左拐，然后右拐。

☞ **练一练：完成下列句子。**

(1)保护环境，首先__________________，其次__________________，最后__________________。

(2)若想快速减肥要注意以下三点，其一，__________________，其二__________________，其三，__________________。

(3)想要在网上买到令人满意的商品，第一，__________________，第二__________________，第三，__________________。

5. 净收入。

“净”本义是清洁、干净。此处是单纯、纯粹之意。“净收入”指除去成本部分的收入。与此类似的还有“纯”，如“纯收入”“净利润”“纯利润”等。

与此相对的是“毛”，意思是不纯粹的。如“毛收入(总收入)”“毛利润”等。

①你看到的只是这个行业的毛利润，其实净利润并没有多高。

②这个职位一年净收入二十来万。

☞ **练一练：选择合适的词语填空。**

小王是一家电子产品卖场的销售员，他卖一台笔记本电脑，进价是4800元，销售给消费者是5500元。那么，________是700元，扣除税金、人工成本、管理费等400元，最后的________是300元。平均算下来，小王一个月的________大概是6000元。(纯收入、净利润、毛利润)

五、综合练习

1. 熟读下列词语，并选择其中合适的填空。

发言权　不绝于耳　局限性　显露

摸索　显而易见　支配　奠定

(1)虽然已经到了下班时间，但键盘声还____________，为了完成任务，大家都在加班。

(2)这是一个____________的错误，你们怎么会没看到呢？

(3)大桥的贯通为全线通车____________了基础。

(4)这方面的研究尚属空白，科学家还在____________前进。

(5)你的一言一行往往____________会出你的修养。

2. 写出下列词语的反义词。

黑暗(　　)　艰难(　　)　放缓(　　)

重视(　　)　进步(　　)　起点(　　)

3. 用所给词语完成句子。

(1)我跟你说过，请不要____________________________________。(一再)
(2)在这次会议上他很生气，因为______________________________。(忽视)
(3)每个国家都应该重视科学研究，______________________________。(促进)
(4)这是一件突发事件，____________________________________。(应对)
(5)如果想让自己这辈子不后悔，______________________________。(规划)
(6)今天的课程内容比较单一，________________________________。(围绕)

4. 排列顺序，组成语段

(1)a. 毕业后，继续攻读博士
b. 同年，进入武汉纺织厂当工人
c. 之后，他坚持自学考上了硕士研究生
d. 1978 年，他大学毕业
e. 现在在大学任教　　　　　　　　　(　　)

(2)a. 还应该反映人民的幸福感
b. 幸福感已经是衡量一个国家、一个社会的重要指标
c. 所以 GDP 必须与时俱进
d. 因为当前社会
e. GDP 不应该仅仅反映经济活动　　　　　(　　)

5. 调研写作

对一个国家而言，经济生产活动直接关系到国家的经济命脉，然而人民的幸福感也不能忽视。请结合身边的案例，讨论经济发展与人民幸福的关系。

____
____
____
____
____
____

六、拓展阅读

GDP 与经济福利

GDP 衡量经济福利所存在的缺陷

首先，GDP 未考虑环境破坏、资源浪费等因素。近些年来，资源、环境、公平等诸多问题和矛盾不断凸显出来，吃资源饭、环境饭的旧发展方式早已不能适应现在经济发展

的潮流。

其次，GDP 未考虑通货膨胀的因素。GDP 的统计核算对国民经济福利的反映未能充分考虑到通货膨胀的因素影响，在考虑通货膨胀因素的情况下，人均 GDP 并没有实际的那么多。所以此时人们的生活水平被高估，经济福利的情况也被高估。这样，GDP 就不能准确地反映国民的经济福利了。

最后，以投资为主的 GDP 增长模式很难准确反映居民的经济福利状况。近几十年来，由政府主导经济的经济发展模式被越来越多国家采纳，最常见的就是基础设施的建设。但是在这种政府主导的经济模式之下，政府这个决策者提供的服务和基础设施建设并不一定是符合消费者的意愿的，不一定是消费者的真正需求。所以在这种经济增长模式下，GDP 增长不能准确反映经济福利的水平，甚至还可能出现在 GDP 增长的情况下居民的经济福利状况反而会减少的情况。

GDP 作为衡量经济福利指标的建议

其一，从人的角度出发去衡量国民经济福利——国民幸福指数。如果说 GDP 是衡量经济发展的重要指标，那么国民幸福指数就是从人的角度出发去衡量经济发展的一个指标，因为它更加注重人的感受、民众的幸福程度等方面。相对于 GDP，以国民幸福指数作为经济福利的衡量，最大的好处是引导政府的公共政策应该从追求经济增长的总量转变为寻求建立和保持一个健康、公平和正义的宏观经济制度。通过幸福指数可以看出国民的幸福程度，也能反映出社会的供给需求等方面的问题，更能反映出社会资源的整合程度等重要问题。

其二，用绿色 GDP 衡量国民经济福利。所谓绿色 GDP，就是考虑了自然资源的浪费情况和环境污染程度的一个衡量经济发展的指标。在每年统计的 GDP 之中扣除资源浪费的成本和环境污染的成本。每个国民经济福利核算的指标都不可能是完美的，绿色 GDP 核算体系也有它的缺陷，针对其缺陷，提出以下建议：要完善绿色 GDP 核算体系，就需要建立健全一个产权明确，资源明晰的社会体系。可以由政府组织专家先进行调研，然后建立试点，在试点成功后可以在全国范围内推广。建立健全法律法规，使市场在资源配置中其主导作用，尽量减少政府对市场的干预。转变各级政府和各官员等的考核机制，不能光把 GDP 作为唯一的指标去衡量官员的能力。把单纯的追求 GDP 增长转变为实现资源环境和经济的可持续发展。

（作者：周梦奇、韩宝坤，选自《商情》，有部分删改。）

根据以上短文回答问题。

1. GDP 有哪些缺陷？

____

____

2. 如何完善 GDP 的指标？

____

____

第七课　鱼与熊掌不可兼得——低通货膨胀率与低失业率

一、知识导读

通货膨胀(tōng huò péng zhàng)：一个国家纸币的发行量超过流通中所需要的货币量时，会引起的纸币贬值、物价上涨现象。

失业(shī yè)：在一定年龄范围内一个人愿意并有能力为获取报酬而工作，但尚未找到工作的情况。

二、课文

要失业还是要通货膨胀?

失业与通货膨胀是市场经济中最为常见的两种经济现象。传统经济学认为，经济增长会导致失业率下降、工资提高，工资提高会引起物价上涨，从而引起通货膨胀率上升。著名的菲利浦斯曲线就是对两者关系的一种描述，它显示了失业率和通货膨胀率之间存在的反向变化关系，即如果失业率较低，通货膨胀率就会较高；如果通货膨胀率较低，失业率就会较高。因此，一个国家若要保持较低的通货膨胀率，就必须接受较低的经济增长率。若要保持较高的经济增长速度，就必须付出高通货膨胀率的代价。但在现实经济中，对于失业与通货膨胀之间的取舍，政府部门必须充分考虑经济发展的实际情况才能作出科学决策。例如，对于中国的失业和通货膨胀问题，我认为需要关注以下几方面的问题：

第一个问题，现实经济是非均衡经济，在非均衡条件下必然存在一定程度的失业率和一定程度的通货膨胀率。现在中国经济仍处在非均衡状态，根据改革开放以来的经验，中国的经济需要持续增长。在持续增长的条件下，3%左右的失业率和3%左右的通货膨胀率是社会可以承受的。宏观经济调控的警戒线在什么地方？根据中国的经验，应该是4%的失业率和4%的通货膨胀率，越过了这个警戒线，即如果失业率超过了4%，可以出台适应经济的宽松政策；如果通货膨胀率突破了4%，也可以根据情况采取一定的紧缩政策。

第二个问题，城乡二元结构使得中国的经济增长和失业都有自己的特点。在中国，4%的失业率是城镇登记失业率，未包括农民在内。农民进城有了工作，如果失业了，这是不统计到城镇登记失业率中的。如果农民在农村闲着没事做，没有出农村，同样是不统计在登记失业率之中的。中国目前的城镇化率只有45%，还有大量的农村人口。二十世纪八十年代出来的农民工，他们的根在农村，赚钱回家盖房子、讨老婆、生儿育女。1995年以后出来的打工者叫新生代农民工，他们不仅要进城，还要取得和城镇居民一样的待遇，即使在城里失业，也不回农村。所以说，中国的失业和就业都有自己的特点，没有较高的经济增长率是解决不了就业问题的。当城乡二元结构改革进程差不多了，城镇人口增加了，经济高速增长的压力才会逐步减轻。

第三个问题，根据中国多年的经验，只要经济增长率超过9%，就能够保证经济运行比较良好。中国的通货膨胀是三种类型并存的，第一种是需求拉动型的通货膨胀，即投资过多导致的需求过大；第二种是成本推动型的通货膨胀，即由于原材料价格上升推动的整个物价上涨；第三种是国际输入型通货膨胀，即国际市场价格上涨导致的通货膨胀。应对通货膨胀，宏观调控政策应当根据情况松紧搭配。比如，货币政策松一点，同时财政政策紧一点，双紧政策是特殊情况下才使用的。

第四个问题，中国当前固然需要警惕和预防通货膨胀，但更需要注意的是滞胀。中国的“滞”和外国的“滞”是不一样的，他们因为失业压力不大，所以经济增长率是2%~3%就可以了。中国则不然，经济增长下降到6%就是“滞”了，因此我们在运用宏观调控的时候必须慎之又慎，不仅要松紧搭配好，还需要对货币政策和财政政策实行结构化的调整。

第五个问题，一方面要加快城乡一体化和城镇化建设，另一方面要大力发展民营经济。中国要扩大内需，城镇化建设就是最大的市场。设想三十年之后，到2040年的时候我们的城镇化率达到75%，假定人口是16亿人，那就有12亿是城镇人口，4亿人留在农村。那么城市要盖多少住房？还要提供公共交通建设，水、暖、电的供给，还有学校、医院、文化设施、服务设施……全世界没有这么大的市场，这必然会促进我们的经济持续稳定发展。城镇化建设中不能离开民营经济，民营经济的发展很重要，目前有75%的新增劳动力被民营经济吸收了。今后不妨把政策放宽一点，该减税的减税，该信贷的信贷，该扶持的扶持。

（作者：厉以宁，选自《人民网》，有部分删改。）

三、生词

1.	物价	名	wù jià	商品的价格。
2.	描述	动	miáo shù	用语言或文字等工具表达一件事或一个物品。
3.	反向	动	fǎn xiàng	反着原来的或规定的方向。
4.	保持	动	bǎo chí	使原来的状态不变，不增强也不减弱。
5.	代价	名	dài jià	为达到某种目的所耗费的物质或精力。
6.	取舍	动	qǔ shě	要或不要；选择。
7.	关注	动	guān zhù	关心重视。
8.	承受	动	chéng shòu	接受。
9.	警戒线	名	jǐng jiè xiàn	为防止出现各类问题而设置的标识或数值。

10.	越过	动	yuè guò	从物体的一边到另一边，超出(范围)。
11.	出台	动	chū tái	(政策、措施等)公布或准备实施。
12.	登记	动	dēng jì	把有关事项写在表册上以备查考。
13.	农民	名	nóng mín	在农村长期从事农业生产的劳动者。
14.	农民工	名	nóng mín gōng	进入城市从事非农业劳动的农民。
15.	根	名	gēn	事物的本原；人的出身情况。
16.	盖房子		gài fáng zǐ	建造房子。
17.	讨老婆		tǎo lǎo po	男人寻找合适女人结婚。
18.	生儿育女	成	shēng ér yù nǚ	生孩子。
19.	打工者	名	dǎ gōng zhě	从事体力劳动的人。
20.	新生代	名	xīn shēng dài	新的一代。
21.	居民	名	jū mín	固定住在某一地方的人。
22.	待遇	名	dài yù	权利、社会地位等；报酬工资。
23.	原材料	名	yuán cái liào	生产产品所需的材料。
24.	松紧	名	sōng jǐn	松或紧的程度。
25.	搭配	动	dā pèi	按一定要求安排分配。
26.	警惕	动	jǐng tì	对可能发生的危险情况或错误加倍小心。
27.	预防	动	yù fáng	对可能出现危险或错误，提前做好准备。
28.	滞胀	名	zhì zhàng	经济停滞与通货膨胀并存的经济现象。
29.	慎之又慎		shèn zhī yòu shèn	非常谨慎小心。
30.	调整	动	tiáo zhěng	改变原有的情况，使适应客观环境和要求。
31.	内需	名	nèi xū	国内市场的需求(与“外需”相对)。
32.	设想	动	shè xiǎng	想象。
33.	假定	动	jiǎ dìng	暂时确定。
34.	住房	名	zhù fáng	供人居住的房屋。
35.	设施	名	shè shī	为满足某种需要而建立起来的机构、组织、系统以及建筑等。
36.	吸收	动	xī shōu	组织或团体接受某人为成员。
37.	不妨	副	bù fáng	表示可以这样做，没有什么妨碍。
38.	信贷	名	xìn dài	银行的贷款。
39.	扶持	动	fú chí	支持、帮助。

专有名词：

1.	失业率	shī yè lǜ	失业人口占劳动人口的比率，反映闲置的劳动产能。(Unemployment Rate)
2.	通货膨胀率	tōng huò péng zhàng lǜ	货币超发部分与实际需要的货币量之间的的比率，反映了通货膨胀、货币贬值的程度。(Inflation Rate)

3.	菲利浦斯曲线	fēi lì pǔ sī qǔ xiàn	失业与通货膨胀之间所存在的一种交替关系的曲线。通货膨胀率高时，失业率低；通货膨胀率低时，失业率高。(Phillips Curve)
4.	非均衡经济	fēi jūn héng jīng jì	外部条件(收入或价格等)发生变化使得需求或供给发生相应变化，而市场价格又没有作出充分调整，导致市场无法实现供求均衡的经济状态。(Dis-equilibrium Economics)
5.	宽松政策	kuān sōng zhèng cè	指宽松的货币政策和宽松的财政政策，前者指中央银行通过系列操作来增加市场货币供应量，后者指政府通过系列操作增加市场总需求，两者的目的都是刺激经济增长。(Easy Policy)
6.	紧缩政策	jǐn suō zhèng cè	指紧缩性货币政策和紧缩性财政政策，前者指中央银行通过系列操作来回收市场上的货币，后者指政府通过系列操作抑制市场总需求，两者的目的都是抑制过热的经济。(Deflation Policy)
7.	城乡二元结构	chéng xiāng èr yuán jié gòu	指以社会化生产为主要特点的城市经济和以小农生产为主要特点的农村经济并存的经济结构。(The Dualistic Structure of Urban and Rural Areas)
8.	城镇化率	chéng zhèn huà lǜ	城镇人口占全部人口的比率，是一个国家或地区经济发展的重要指标。(Urbanization Rate)
9.	城乡一体化	chéng xiāng yī tǐ huà	把工业与农业、城市与乡村、城镇居民与农村村民作为一个整体来协调发展的过程。(Urban-rural Integration)
10.	民营经济	mín yíng jīng jì	除了国有及国有控股经济、集体经济、外资经济以外的经济组织，包括私营企业、个体工商户和农民专业合作社等。(Non-governmental Economy)

四、综合注释

1. 中国则不然，经济增长下降到6%就是“滞”了。

此处“不然”为形容词，意思是“不是这样”。“不然”还可作连词，表示如果不是上文所说的情况，就会发生或可能发生下文所说的情况。与“要不”“否则”“如果不”意思相近。

①这道菜这么贵，还以为会很好吃，结果不然。

②大家都觉得这件事是他的错，其实不然。

③你必须给我退货，不然我给你差评。

☞ **练一练：选择合适的词语填空。**

(1)我带你来就是想让你帮忙的，__________你来干什么？(居然、不然、果然)

(2)结果公布之前，大家都已经猜到是他了。最后__________是他。(居然、不然、果然)

(3)这是__________趋势，胜利永远站在正义的一方。(固然、忽然、必然)

(4)赢得比赛__________重要，积累经验也同样重要。(固然、忽然、必然)

(5)他__________忘记了女朋友的生日，这一下麻烦大了。(仍然、当然、竟然)

(6)至今他__________不相信凶手会是他。(仍然、当然、竟然)

2. 因此我们在运用宏观调控的时候必须慎之又慎。

“慎之又慎”意思是“非常谨慎”。“×之又×”格式形容程度高，与“非常×”意思接近。常用的还有“玄之又玄(非常奥妙，不容易理解)”“少之又少(非常少)”“紧之又紧(工作状态非常紧张)”“损之又损(非常谦虚)”等。

①在不断电的情况下修理设备必须慎之又慎。

②现在符合报名条件的人少之又少。

③为了应对传染病的传播，全体工作人员必须紧之又紧。

☞ **练一练：用所给词语改写句子。**

(1)若要在竞争中赢得先机，我们必须加快速度。(快之又快)

____

(2)从事科学研究工作需要非常细心，不能有一丝马虎。(细之又细)

____

(3)物价水平一定要平稳，即使涨价也不应太快。(慢之又慢)

____

(4)教育孩子不能随心所欲，要严格教育才能教育好孩子。(严之又严)

____

3. 一方面要加快城乡一体化和城镇化建设，另一方面要大力发展民营经济。

“一方面……，(另)一方面……”表达事物的两个方面，这两个方面一般是顺承关系。与此类似的还有“除此之外”“此外”“另外”等。

①布置任务，一方面要任务分配均衡，另一方面要选择合适的人做合适的事。

②学习汉语，一方面要注意汉语与母语相同之处，另一方面要注意与母语相异之处。

③锻炼身体，一方面要注意锻炼的时间，另一方面要注意锻炼的强度。

☞ **练一练：完成下列句子。**

(1)网上购物，一方面要________________，另一方面要________________。

(2)玩手机，一方面要________________，另一方面要________________。

(3)出国旅行，一方面要________________，另一方面要________________。

4. 设想30年之后，到2040年的时候我们的城镇化率达到75%，假定人口是16亿人，那就有12亿是城镇人口，4亿人留在农村。

"设想"和"假定"都是一种假设，后面跟未发生或非事实的情况。与此类似的还有"假设""假如""假若"等。

①设想你是国家总统，你会做什么？

②假定你是世界首富，你将怎么管理你的财富？

③假如你来做这件事，你会怎么做？

☞ **练一练：完成下列句子。**

(1)设想____________________________，我会离开这里。

(2)假定____________________________，我要选择放弃。

(3)假设____________________________，我将不负众望。

5. 该减税的减税，该信贷的信贷，该扶持的扶持

"该×的×"格式指如果是应该做的事，那么就做，强调对象。如"该打的打(应该被打的人，就打)""该罚的罚(应该被惩罚的人，就惩罚)""该睡的睡(应该睡觉的人，就睡觉)"等。

汉语中还存在"该××"格式，应该做就做，强调动作。如"该吃吃(应该吃就吃)""该玩玩(应该玩就玩)""该睡睡(应该睡就睡)"等。

①班里的人请注意，现在是自由活动时间，该上厕所的上厕所，该去打水的去打水。

②这次在网上买的东西大部分都不合适，没办法，该换的换，该退的退吧。

③得了这种病不要太紧张，该吃吃、该睡睡、该玩玩。

☞ **练一练：用"该×的×"或"该××"填空。**

在今年的中秋节活动中，学院组织了猜灯谜、吃月饼、穿汉服等文化体验活动。活动当天，老师和学生们井然有序，在猜灯谜活动区域，学生们______________；在吃月饼活动区域，学生们________________；在穿汉服活动区域，学生们该穿的穿，该拍照的拍照。活动结束了，大家还不愿意离开，________________，该玩玩。

五、综合练习

1. 选择恰当的词语填空。

保持　　持续　　扶持

(1)武汉的秋天阴雨绵绵，一场雨经常____________一周多。

快递可能是与电商最有紧密关系的一块，也是我们广大用户能直接感受到的。事实也是如此，中国物流与采购联合会在今年早些时候发布报告显示，2016年末，我国物流岗位从业人员数为5012万人，比上年增长0.6%，成为人员增长最快的行业之一，已经占到全国就业人员6.5%，其中很大一部分是和网店相关。

但是，网店的兴起不只推动了快递业的发展，同时还带动了很多新行业。比如电商模特，这些模特有的一天要换700多件衣服拍照。一个网店需要用模特，在以前几乎是不可想象，但现在已经成为事实。显然，这就是新增就业。事实上，不只是网店模特，现在的电子商务还产生了许多新职业：网络摄影、导购达人、代运营等新职业层出不穷。

如果以上的论证成立，我们就会发现，当我们在讨论新技术是否会减少就业的时候，更要看到技术的发展在促进新的社会分工，而这些新行业所创造的就业，是不会出现在现在研究者的脑海中。再回到人工智能行业的争论，我就想起这样一个疑问，在2003年的时候，我们的专家能想象到会有网店模特和导购达人这些职业吗？

（作者：傅蔚冈，选自《新京报》，有部分删改。）

根据以上短文回答问题。

1. 上文提到了哪些新的职业？

____

____

2. 人工智能会给社会带来大规模的失业吗？请说出你的理由。

____

____

第八课　应对金融危机的宏观经济政策

一、知识导读

金融危机(jīn róng wēi jī)：一个国家或几个国家与地区的全部或大部分金融指标的急剧、短暂和超周期的恶化。

经济政策(jīng jì zhèng cè)：一个国家或政府为了达到充分就业、价格水平稳定、经济快速增长、国际收支平衡等目标，为增进经济福利而制定的解决经济问题的指导原则和措施。

二、课文

美国应对金融危机的宏观经济政策

2007 年 8 月美国次贷危机全面爆发，美国经济陷入了衰退。为了控制危机蔓延，避免对实体经济造成更大的冲击，美国财政部和美国联邦储备银行(简称“美联储”)密集地推出了系列宏观经济政策。

实施扩张性财政政策

根据国会通过的若干法案的授权，美国财政部出台了一系列应对危机的财政政策和措施，主要包括以下几个方面：

第一，注入资金。2008 年 10 月，美国财政部实施了高达 2500 亿美元的金融业注资计划，其中 1250 亿美元用于收购美国花旗银行、美洲银行等具有系统重要性的金融机构股份。在这些公司股票出现大幅下跌时，由政府直接购买其股份。

第二，购买不良资产。2009 年 3 月，美国财政部推出公私合作收购金融机构不良资产的计划，计划投入 750 亿至 1000 亿美元的政府引导资金，与私人投资者的资金组合起来，通过保险公司成立基金，计划购买 5000 亿至 10000 亿美元的不良资产，旨在改善金融机构的资产负债状况。

第三，增加税式支出预算。为了刺激经济，美国政府推出了多项减税政策，税式支出预算高达 5660 亿美元。布什政府实施了总额约为 1680 亿美元的大幅退税方案。奥巴马政府经济刺激计划中的减税总额为 2880 亿美元。

第四，运用财政补贴工具。为了扶持美国汽车业，美国政府于 2009 年 7 月 1 日实施

“旧车换现金”计划，政府补贴资金规模为10亿美元。一个月后，美国国会通过了向该计划追加20亿美元资金的法案。消费者通过以旧换新的方式购买更经济、更环保的汽车，每辆可以获得政府提供的3500美元至4500美元的补贴。

启动宽松的货币政策

2007年8月至2008年12月，美联储使用全部常规和非常规货币政策工具来增加金融市场流动性，主要政策工具如下：

第一，下调联邦基金利率。危机爆发初期，货币市场上联邦基金利率上升至6%左右。为了降低市场利率，2007年9月至2008年12月，美联储先后10次下调联邦基金利率，使其降至0至0.25%的低位。

第二，运用再贴现政策工具。美联储实施的再贴现政策主要是由商业银行以政府债券作抵押向美联储借款。2007年8月17日，美联储宣布把再贴现率从6.25%降至5.75%，联邦基金目标利率仍为5.25%，从而缩小了再贴现率与联邦基金利率的差距。此后，美联储在降低联邦基金利率的同时也多次下调再贴现率。

第三，启动对存款准备金付息手段。当联邦基金利率降到较低水平之后，利率政策的操作空间已十分有限。在此情况下，为了使利率政策继续发挥作用，美联储从2008年10月开始对存款机构在美联储的存款准备金付息，这对存款机构增加了超额存款准备金的需求，从而为稳定联邦基金利率发挥了积极作用。

第四，创新应对危机的非常规货币政策工具。随着危机不断发酵，考虑到仅仅通过常规政策工具已不能从根本上解决信贷紧缩问题，美联储又通过一系列非常规货币政策工具向市场注入资金。比如，直接购买美元长期国债。当时，美联储累计购买了1.75万亿美元有价证券。2010年11月，美联储宣布在2011年第二季度前再购买6000亿美元，以进一步刺激美国经济。

宏观经济政策的效果

随着扩张性财政政策和宽松的货币政策的实施以及向市场注入大量的基础货币，美国金融形势逐步好转，实体经济开始逐渐复苏。美国商务部统计数据显示，2009年第三季度，美国国内生产总值环比增长3.5%，是金融危机爆发以来连续四个季度下滑后的首次正增长。但是，美国经济的复苏将是一个缓慢的过程，危机调整难以在短期内结束。

（作者：沈伟基、张文斌，选自《云南社会科学》，有部分删改。）

三、生词

1.	衰退	动	shuāi tuì	由强大变得弱小，多指国家政治经济状况。
2.	蔓延	动	màn yán	像蔓草一样不断向周围扩展，范围扩大。
3.	密集	形	mì jí	多而密。
4.	若干	代	ruò gān	一些，表示数量不确定。
5.	法案	名	fǎ àn	提交国家立法机关讨论的关于法律问题的建议。
6.	授权	动	shòu quán	把权力委托给他人或机构代为执行。

7.	措施	名	cuò shī	针对某种情况而采取的处理办法，多用于较大的事情。
8.	注入	动	zhù rù	像水一样倒进去。本文指投入(资金、人力等)。
9.	注资	动	zhù zī	投入数量较大的资金。
10.	收购	动	shōu gòu	从各个地方买进。
11.	股份	名	gǔ fèn	股份公司或其他合伙经营的企业的资本单位。
12.	股票	名	gǔ piào	股份公司用来表示股份的有价证券。
13.	下跌	动	xià diē	(水位、价格等)下降。
14.	资产	名	zī chǎn	企业拥有或控制的能以货币计量的经济资源。
15.	公私	名	gōng sī	公家(指国家、机关、企业、团体)和私人。
16.	引导	动	yǐn dǎo	通过用某种手段或方法去带动某事物的发展。
17.	保险	名	bǎo xiǎn	集中分散的社会资金，补偿因自然灾害、意外事故或人身伤亡而造成的损失的方法。
18.	基金	名	jī jīn	为兴办、维持或发展某种事业而储备的资金。
19.	旨在	动	zhǐ zài	目的在于。
20.	负债	动	fù zhài	欠人钱财。
21.	预算	名	yù suàn	(国家机关、团体和事业单位等)对未来一定时期内的收入和支出的计划。
22.	退税	动	tuì shuì	依法将已征收入库的税款退还原纳税人。
23.	补贴	动、名	bǔ tiē	从经济上帮助；从经济上帮助的费用。
24.	追加	动	zhuī jiā	在原定的数额以外再增加。
25.	常规	形	cháng guī	一般的；通常的。
26.	下调	动	xià tiáo	(价格、利率等)向下调整。
27.	低位	名	dī wèi	处于较低水平的位置。
28.	抵押	动	dǐ yā	债务人不转移对财产的占有而将该财产作为偿还债务的保证。
29.	差距	名	chā jù	事物之间的差别程度，也指距离某种标准的差别程度。
30.	付息	动	fù xī	支付银行存款或借款的规定利息。
31.	发挥	动	fā huī	把内在的性质或能力表现出来。
32.	超额	动	chāo é	超过规定数额。
33.	创新	动	chuàng xīn	扔掉旧的，创造新的。
34.	发酵	动	fā jiào	情况持续发展。
35.	国债	名	guó zhài	国家通过借款、发行债券等方式所欠的内外债务。
36.	累计	动	lěi jì	加起来计算。
37.	宣布	动	xuān bù	公开正式告诉(大家)。
38.	季度	名	jì dù	以一季(三个月)为单位时叫季度。
39.	形势	名	xíng shì	事物发展的状况。

40.	复苏	动	fù sū	本文指经济发展停滞后，生产逐渐恢复，市场逐渐活跃，利润增加等。
41.	环比	动	huán bǐ	现在的统计周期与上一个统计周期相比。
42.	下滑	动	xià huá	下降(多指成绩、质量等)。

专有名词：

1.	次贷危机	cì dài wēi jī	由美国次级房屋信贷(对信用记录较差的客户发放的房贷)违约剧增而引发的国际金融市场的震荡。(Subprime Lending Crisis)
2.	实体经济	shí tǐ jīng jì	相对于金融部门(虚拟经济)而言，指物质的、精神的产品和服务的生产、流通等经济活动。(Real Economy)
3.	扩张性财政政策	kuò zhāng xìng cái zhèng zhèng cè	国家通过财政分配活动(减税、增加支出等)刺激和增加社会总需求的一种政策行为。(Expansionary Fiscal Policy)
4.	税式支出	shuì shì zhī chū	国家为达到一定的政策目标，对一些特定纳税人进行税收优惠，这些优惠所导致的国家财政收入的减少就是财政上的税式支出。(Tax Expenditure)
5.	联邦基金利率	lián bāng jī jīn lì lǜ	美国银行同业拆借市场的利率，利率的变动反映了银行之间资金的富余和缺欠。(Federal Fund Rate)
6.	再贴现(率)	zài tiē xiàn(lǜ)	商业银行资金不够时，用手上现有的商业票据再向中央银行借款的行为即为再贴现，其向中央银行再行贴现时所支付的利率即为再贴现率。(Rediscount(Rate))
7.	商业银行	shāng yè yín háng	银行的一种类型，职责是通过存款、贷款、汇兑、储蓄等业务，承担信用中介的金融机构。(Commercial Bank)
8.	政府债券	zhèng fǔ zhài quàn	政府为筹集资金而向出资者出具并承诺在一定时期内支付利息和偿还本金的债务凭证。(Government Bond)
9.	存款准备金	cún kuǎn zhǔn bèi jīn	金融机构为保证客户提取存款和资金清算需要而准备的在中央银行的存款。(Deposit Reserve)

10. 有价证券 yǒu jià zhèng quàn 具有一定价格和代表某种所有权或债权的凭证，主要包括股票和债券。(Negotiable Securities/Valuable Papers)

四、综合注释

1. 根据国会通过的若干法案的授权，美国财政部出台了一系列应对危机的财政政策和措施。

“若干”表示不定量，意思是一个或多个，但是没有“许多”多，常用于书面语。汉语表达量的词语还有“极少”“非常少”“很少”“比较少”“不多”“一些”“比较多”“许多”“很多”“非常多”“极多”“适中”等。

①近日国务院印发了关于文明旅游的若干规定。

②为了本公司的发展，计划于本月招聘若干技术人员。

③请你于明日上午书面回复代表们所提的若干问题。

☞ **练一练：将句子划线词语改为书面语。**

(1)申请奖学金的几种方法如下……

(2)今天超市做活动，买东西的人太多了。

____

(3)这个工作不干了，工资就那么一点点儿。

____

(4)这个价钱不贵也不便宜，正好！

____

2. 计划购买5000亿至10000亿美元的不良资产，旨在改善金融机构的资产负债状况。

“旨在”常用在两个句子中间，前一句表达所做的事，后一句表达所做的事的目的。与此类似的还有“为了”“以便(于)”“以免”等。

①两国之间的合作，旨在推动网络服务的提升。

②警察封锁了附近的道路，以便搜寻罪犯。

③请各位乘客戴好口罩，以免带来不必要的麻烦。

☞ **练一练：完成句子。**

(1)国家对个人购买电动汽车实行补贴政策，旨在__________。

(2)医院推行网络预约看病制度，以便__________。

(3)半夜的时候最好少吃东西，以免__________。

☞ **练一练：选择合适词语填空。**

(1)请安静，他__________电脑前给学生上网课。(旨在、好在、正在)

(2)政府推动城乡一体化，__________缩小城乡差距。(旨在、好在、正在)

(3)昨天不小心把钱包丢了，__________里面没什么钱。(旨在、好在、正在)

(4)在异国他乡求学多年，过年过节时__________会想家。(以免、难免、不免)

(5) 你总是不来上课，期末考试＿＿＿＿＿＿不及格。(以免、难免、不免)

(6) 天气转凉，请多穿衣物，＿＿＿＿＿＿感冒。(以免、难免、不免)

(7) 昨天晚上工作太晚了，＿＿＿＿＿＿今天早上十点了还没有起床。(以便、以至、以及)

(8) 请大家看清考试时间＿＿＿＿＿＿考试注意事项。(以便、以至、以及)

(9) 以后早上要早点起床，＿＿＿＿＿＿为吃早餐留出更多的时间。(以便、以至、以及)

3. 消费者通过以旧换新的方式购买更经济、更环保的汽车。

"以×换Y"指"用×来交换Y"，如"以小换大""以少换多""以物换物"等。与此类似的还有"以次充好""以假乱真""以牙还牙""以暴制暴""以德报怨"等。

①华为手机近日推出了"以旧换新"的活动。

②不要在这家店买东西，这家店老板经常以次充好，欺骗消费者。

③这部山寨手机已经到了以假乱真的地步了。

☞ **练一练：用所给词语改写句子。**

(1) 治理国家不可以使用暴力手段来制止暴力活动。(以暴制暴)

＿＿＿＿＿＿＿＿＿＿＿＿＿＿＿＿＿＿

(2) 政治家总是能利用很少的条件获取很多的利益。(以少换多)

＿＿＿＿＿＿＿＿＿＿＿＿＿＿＿＿＿＿

(3) 虽然你以前曾经伤害过他，但他现在却对你更好了。(以德报怨)

＿＿＿＿＿＿＿＿＿＿＿＿＿＿＿＿＿＿

(4) 面对对方的挑衅，我们必须用同样的方式回击。(以牙还牙)

＿＿＿＿＿＿＿＿＿＿＿＿＿＿＿＿＿＿

4. 当联邦基金利率降到较低水平之后，利率政策的操作空间已十分有限。

"空间"是指长度、宽度、高度、大小表现形式，常指具体的有形物体内部的空间。此处"空间"指抽象的空间，与"余地"意思相近，指言语、行动、办事情、订计划等留下的可商量、变通的地方，如"选择余地""留有余地""不留余地"等。

①你应该给他一点独立的空间，不然他会疯掉的。

②这件事没有商量的余地，必须这样做才行。

③谈判的时候要给对方留点空间，不然很难达成一致。

☞ **练一练：解释划线词语的意思。**

(1) 请尊重别人的个人空间，不要随便打扰。

＿＿＿＿＿＿＿＿＿＿＿＿＿＿＿＿＿＿

(2) 电动汽车行业有着巨大的成长空间。

＿＿＿＿＿＿＿＿＿＿＿＿＿＿＿＿＿＿

(3)公司为员工提供了很好的职业发展空间。

____

(4)图书馆是公共空间，请不要大声喧哗。

____

(5)价格战已经让这种产品没有什么利润空间了。

____

5. 美联储宣布在2011年第二季度前再购买6000亿美元，以进一步刺激美国经济。

"进一步"表示事情在进程上比以前提高了。与此相关的还有"更进一步""进一层""更深入""不断"等。

①这个问题很复杂，还需要再找时间进一步探讨。

②教育公平制度还需要进一步完善。

③你不能满足于当前的成绩，还要更进一步。

☞ **练一练：完成句子。**

(1)了解古代人的生活、语言和文化，以进一步______________________。

(2)积极推进"无现金"社会，目的是进一步______________________。

(3)繁体字到简体字的改革，使汉字更易学，从而进一步________________。

五、综合练习

1. 选择恰当的词语填空。

下跌　　下滑　　下调

(1)为应对金融危机，银行纷纷____________了存款利率。

(2)孩子玩电子游戏多了，考试成绩肯定会____________。

(3)这支股票今天____________得很厉害。

连续　　继续　　持续

(4)大家快点吃饭，吃完后还得____________干活。

(5)他____________五年获得了该项目的金牌。

(6)这场春雨____________了两周。

引导　　指导　　领导

(7)作为硕士生导师，他今年____________了三个硕士生的论文。

(8)政府____________民众取得了阶段性胜利。

(9)对不听话的学生，不能总是批评，要慢慢地进行____________。

收购　　购买　　购置

(10)今年"双十一"他为新家____________了很多家具。

(11)这家公司今年又____________了若干小公司。

(12)马上要开学了，他为孩子____________了新书包。

2. 用所给词语完成句子。

(1)________________________，消防队员已经连续工作了几个昼夜。(蔓延)

(2)我不能处理他的业务，除非______________________________。(授权)

(3)目前的资金无法完成这个项目，___________________________。(追加)

(4)现在预测结果还很早，因为______________________________。(发酵)

(5)______________________________________，就业率不断攀升。(复苏)

3. 用所给词语改写句子。

(1)中医药在医学史上有很重要的作用。(发挥……作用)

______________________________________。

(2)这一季度的华为手机销量比上一季度增长了20%。(环比增长)

______________________________________。

(3)从这两次的考试成绩来看，他们的成绩越来越接近。(缩小……差距)

______________________________________。

(4)你要借钱可以，但是要把你最值钱的东西让我保存。(以……作抵押)

______________________________________。

(5)受全球新冠疫情的影响，世界经济发展停滞不前。(陷入衰退)

______________________________________。

4. 排列顺序，组成语段。

(1)a. 美国经济正在从金融危机的泥潭中走出
b. 但是经济复苏将会是一个缓慢的过程
c. 就是一个缓慢的过程
d. 随着宏观经济政策的密集操作
e. 因为经济政策从实施到见效 (　　)

(2)a. 而联邦基金目标率却仍保持原来水平
b. 从而增加了资金的流动性
c. 美联储宣布将再贴现率降低
d. 这样也就缩小了两者之间的差距
e. 为经济发展注入了活力 (　　)

5. 调研写作。

2008年的金融危机对世界经济造成了很大的影响，请查阅相关资料，详细描述一下当时的金融危机对你的国家带来了哪些影响？

____

____

____

____

六、拓展阅读

新冠肺炎疫情对经济影响的应对措施

2020 年初，一场无法预料的新冠肺炎(COVID-19)疫情突然爆发。这次疫情感染人数之多、传播速度之快，是近百年人类社会经历过的最严重的一次传染病灾难。在全球化高度发展的今天，这场全球疫情大流行所带来的影响超过了人类历史上任何一次传染病对人类的影响。各国政府都在竭尽全力地应对疫情，挽救生命，努力减少疫情的危害。在应对疫情的经济影响方面，各国政府反应的速度都比较迅速，纷纷做出快速的救市措施。尽管救市措施各有不同，但总体的方向和思路基本是一致的。

1. 货币政策方面

中国政府在病毒爆发之初就采取了一系列的货币和财政措施来应对疫情。2020 年 3 月，中国人民银行针对疫情防控提出了五大计划：一是稳健的货币政策更加注重灵活适度；二是用好 3000 亿元专项再贷款政策；三是加大对疫情影响严重地区、行业、企业的融资支持；四是用好 5000 亿元再贷款再贴现专用额度和 3500 亿元政策性银行专项信贷额度，加大对中小微企业等领域的资金支持；五是保持房地产金融政策的连续性、一致性。

自新冠肺炎疫情发生以来，欧美等发达国家地区技术性衰退风险增加，部分新兴经济体面临金融冲击的风险加大，纷纷启动了降息和量化宽松的货币政策，全球多家主要央行进行了紧急的降息操作，以稳定市场中的恐慌情绪。

2. 财政政策方面

为缓解疫情造成的社会生产停滞带来的需求不足，减少短期资金不足对经济的不利影响，各国政府纷纷采取了扩张性的财政政策，缓解社会主体资金压力，维护社会生产正常运行。疫情出现后，中国财政部门积极行动，在经费保障方面，为保障人民群众生命健康，切实做到“确保人民群众不因担心费用问题而不敢就诊，确保各地不因资金问题而影响医疗救治和疫情防控”。在支持生产方面，为全面支持复工复产出台减税降费政策，大幅度减轻企业负担。在保障困难群体基本生活方面，加大价格临时补贴力度，进一步加大对困难群众的保障力度。

2020 年 3 月，美国疫情大规模爆发。美国参议院通过了总额为 2.2 万亿美元的财政刺激计划(几乎是 2009 年用于经济刺激计划的 8310 亿美元资金的 3 倍)，这也成为美国历史上最大规模的财政刺激方案。

(作者：陈本昌、崔日明，选自《区域与全球发展》，有部分删改。)

根据以上短文回答问题。

1. 中国政府在货币政策方面是如何应对新冠肺炎疫情的？

____

____

2. 中国政府在财政政策方面是如何应对新冠肺炎疫情的？

____

____

第九课　中国经济增长的周期波动

一、知识导读

经济增长(jīng jì zēng zhǎng)：一个国家或地区生产的物质产品和服务的持续增加，经济规模和生产能力不断扩大。

经济周期波动(jīng jì zhōu qī bō dòng)：一个国家或地区的总体经济活动沿着经济增长的总体趋势而出现的有规律的扩张和收缩。

二、课文

中国经济增长与周期波动

中国改革开放以来，经济高速增长了三十多年。但是，经济增长的路线并不是平稳的，而是呈现出S型的连续变化特征。从1978年到2014年之间大致有三个S型阶段(如图1)，每个S型阶段都有中短期的J型、L型增长区间。

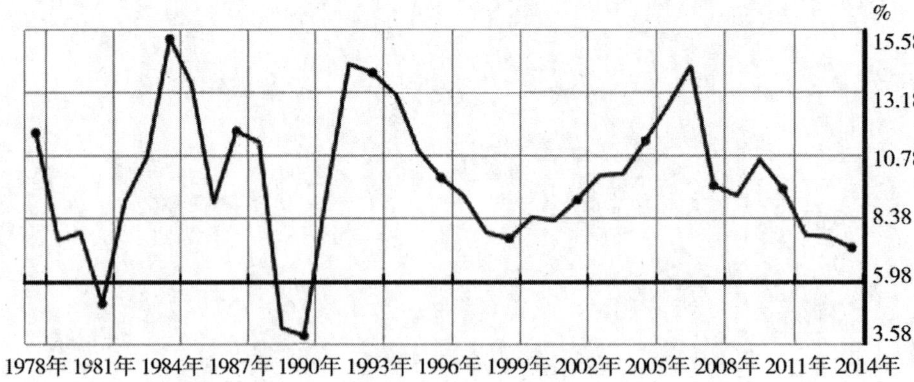

图1　中国1978—2014年GDP增长率的三个S型阶段

改革开启首个S型增长阶段

1979年至1984年的六年，应该看作中国进入新发展模式后，第一个J型增长时期。

1979年至1981年是J型增长的开始，自1982年开始，GDP增长速度进入一个高速增长的时期，最高时的1984年达到15.2%。这种高速增长的动因有以下四个方面：第一，政府主要工作从以政治运动为重心，转向了动员力量发展经济；第二，对人民公社的颠覆性变革，形成了爆发式的增长活力和动能；第三，对外开放使东部沿海地区进入了国际经济大循环；第四，人口增长上行助力了GDP的高速增长。

1984年之后经济增速开始下行，中间虽然有1987年和1988年两年的反弹，但1990年降低到谷底3.90%，形成了改革开放以来第一个六年的L型增长。其原因有三：第一，第一步改革释放活力的边际效用递减，动力释放殆尽；第二，公有制经济比重争论兴起，私营经济发展受到质疑，个体经济的发展处于停顿甚至收缩状态；第三，近千万知识青年回城创业就业推动经济增长的阶段结束。

深化改革推进第二个S型增长阶段

从1991年开始，GDP增长发力，这一次J型增长阶段中，快速上行时间只有两年，1991年经济增长速度达到了9.29%，而1992年则冲到了14.27%的高位。这一轮GDP高速增长的动能来源于以下三个方面：第一，在深化改革方面采取了突破性的重大举措。在所有制结构上，进一步明确了以公有制为主体，个体私营经济共同发展的基本经济制度；在资源配置方式上，确立了社会主义市场经济体制。第二，在体制和范围方面，更大力度地开展了对外经济开放，促进了新一轮的经济增长。第三，这一时期是国内外经济发展的机遇期，东亚发达和新兴发达国家及地区产业向中国转移与农村劳动力向东部和城镇转移交加，成为GDP增长的强劲动力。

1993年至1999年GDP边际增长速度递减，但只是一个增长幅度高位运行上的略微下行。增长动能略微下行的原因有三：第一，第二轮大力发展个体私营经济及其经济向外资开放改革的边际效应递减；第二，国有企业改革的边际动能已经消失殆尽；第三，人口增长急剧下行。

加入世贸组织形成第三个S型增长阶段

在世纪之交，GDP开始了第三轮S型增长的持续上行阶段，从2000年的7.58%到2007年的14.2%，长达八年之久。这一轮上行增长的动能来源于以下几方面：第一，加入世贸组织后的改革开放效应。新一轮外资进入中国，特别是高速增长的出口，强劲地拉动了GDP增长。第二，国际产业又一次向中国转移、国内经济主力人口上行等增长效应。第三，通过破产、重组和改制，盘活了一大批中小国有企业。第四，城市化及房地产推动，国有企业与工业化互动扩张的双重增长效应。

2007年之后，GDP增长又开始了一个长期的下行阶段，主要有以下几个因素：第一，人口的持续收缩是最基础性原因；第二，加入世贸组织和改革开放促进经济增长的动能呈边际递减趋势，出口负增长；第三，传统工业化结束使得一些有规模化优势的国有企业陷入困境，成为经济下行的负能量；第四，土地、能源和交通成本上涨过快，使实体经济遭受重创。

（作者：张弥，选自《财经问题研究》，有部分删改。）

三、生词

1.	路线	名	lù xiàn	从一地到另一地所经过的道路。本文指经济增长的过程。
2.	平稳	形	píng wěn	平安稳定，没有波动或危险。
3.	区间	名	qū jiān	数字增减变化的一定范围。
4	开启	动	kāi qǐ	打开。
5.	动因	名	dòng yīn	动机，原因。
6.	动员	动	dòng yuán	发动人参加某项活动。
7.	颠覆性	名	diān fù xìng	表示彻底改变事物原来性质。
8.	变革	动	biàn gé	改变事物的本质(多指社会制度)。
9.	动能	名	dòng néng	物体由于运动而具有的能。本文指经济增长的动力及其能量来源。
10.	循环	动	xún huán	事物从开始到结束一遍又一遍地运动或变化。
11.	上行	动	shàng xíng	(价格、指数等)上升。
12.	助力	动	zhù lì	帮助。
13.	下行	动	xià xíng	(价格、指数等)下降。
14.	反弹	动	fǎn tán	比喻价格、行情等回升。
15.	谷底	名	gǔ dǐ	山谷或河谷的底部。比喻事物发展的最低点。
16.	释放	动	shì fàng	把所含的物质或能量放出来。
17.	动力	名	dòng lì	比喻推动工作、事业等前进或发展的力量。
18.	殆尽	动	dài jìn	几乎没有剩余。
19.	比重	名	bǐ zhòng	一种事物在整体中所占的分量。
20.	争论	动	zhēng lùn	双方或多方坚持自己的意见，互相辩论。
21.	兴起	动	xīng qǐ	开始出现并发展起来。
22.	停顿	动	tíng dùn	(事情)中止或暂停。
23.	深化	动	shēn huà	使向更深的阶段发展。
24.	发力	动	fā lì	集中使出力量。
25.	高位	名	gāo wèi	较高水平的位置。
26.	轮	量	lún	用于循环的事物或动作，也可用于红日、明月等。
27.	举措	名	jǔ cuò	举动；措施。
28.	机遇期	名	jī yù qī	机会比较多的时期。
29.	交加	动	jiāo jiā	(两种事物)同时出现。
30.	强劲	形	qiáng jìng	强有力的。
31.	略微	副	lüè wēi	稍微，表示数量不多或程度不深。

32.	急剧	形	jí jù	急速；迅速而剧烈。
33.	世纪之交		shì jì zhī jiāo	上个世纪末与下个世纪初的那几年。
34.	拉动	动	lā dòng	采取措施使提高、增长或发展。
35.	破产	动	pò chǎn	债务人或债权人向法院申请，把债务人的财产变价归还各债权人，不足的部分不再偿还。
36.	改制	动	gǎi zhì	改变政治、经济等制度。
37.	盘活	动	pán huó	采取措施，使资产、资金等恢复运作，产生效益。
38.	困境	名	kùn jìng	困难的处境。
39.	重创	动	zhòng chuāng	严重的损伤。

专有名词：

1.	改革开放	gǎi gé kāi fàng	特指1978年中国共产党十一届三中全会以来，中国实行的对内改革、对外开放的政策。(Reform and Opening-up)
2.	政治运动	zhèng zhì yùn dòng	在一定时期内为了特定政治目的而组织领导的广大民众参加的运动。(Political Movement)
3.	人民公社	rén mín gōng shè	1958年至1982年中国农村和基层政权组织相结合的集体所有制经济组织。(People's Commune)
4.	公有制经济	gōng yǒu zhì jīng jì	生产资料归全体人民或部分劳动群众共同所有的经济形式。(Publicly-owned Economy)
5.	私营经济	sī yíng jīng jì	以生产资料私有和雇工劳动为基础，并以营利为目的和按资分配为主的一种经济类型。(Private Economy)
6.	知识青年	zhī shi qīng nián	特指二十世纪六七十年代到农村或边疆参加农业生产的中国城市知识青年，简称“知青”。(Sent-down Youth)
7.	社会主义市场经济体制	shè huì zhǔ yì shì chǎng jīng jì tǐ zhì	在社会主义公有制基础上，在国家宏观调控下使市场机制在社会资源配置中发挥基础性作用的经济体制。(Socialist Market Economic System)
8.	世贸组织	shì mào zǔ zhī	世界贸易组织，成立于1995年，是当代最重要的国际经济组织之一。(World Trade Organization)

四、综合注释

1. S 型、J 型、L 型、爆发式。

“型”指类型，如“血型”“新型”“脸型”等。“式”也指规格、样式，如“新式”“旧式”“老式”等。

①针对新型冠状病毒的疫苗已经研发出来了。

②他的血型是 O 型。

③这种老式家具在古董市场上很受欢迎。

④这是今年的新式校服，同学们都很喜欢。

☞ **练一练：解释划线词语的意思。**

(1) 今天我在家做了花式面包，非常好吃。

____

(2) 这种法式风格的建筑在这里随处可见。

____

(3) 你的性格属于活泼型，乐观积极。

____

(4) 这是一家科技型企业，主要面向高端客户。

____

(5) 你的皮肤不是油性的，也不是干性的，而是混合型的。

____

2. 政府主要工作从以政治运动为重心，转向了动员力量发展经济。

在所有制结构上，进一步明确了以公有制为主体，个体私营经济共同发展的基本经济制度。

“以 X 为重心”指从 X 当作主要部分。“以 X 为主体”也指将 X 当作主要部分。与此类似的还有“以 X 为主”“以 X 为首”。另外，“以 X 为 Y”是一种常用格式，指将 X 当作 Y，如“以退为进”“以守为攻”“以日为年”“以史为鉴”等。

①近日，以他为首的犯罪集团被警方打掉了。

②来中国的第一年，他以学习汉语为主，学习专业知识为辅。

③以史为鉴，借鉴前人的经验，可以降低犯错误的概率。

☞ **练一练：用所给词语改写句子。**

(1) 真正聪明的人懂得退一步，这样才会换取更大的进步。(以退为进)

____

(2) 今天来植物园游览的人很多，其中中学生最多。(以……为主)

____

(3) 他太思念他的爱人了，觉得过一天就像过一年那样漫长。(以日为年)

____

(4)比赛最后十分钟，暂时领先的客队不再进攻，改为防守。(以守为攻)

____

3. 这一时期是国内外经济发展的机遇期。

"×期"指×发生的时期，如"叛逆期""试用期""青春期""有效期""保质期""实习期"等。与此类似的还有"×季"，如"开学季""毕业季""恋爱季""装修季""旅游季"等。"×周"，如"黄金周""时装周""宣传周"等。

①酸奶的保质期一般为18~21天。

②每年九月份是各大高校的开学季。

③今年十一黄金周，旅游人数又创新高。

☞ **练一练：填写与句子相关"×期""×季"或"×周"。**

(1)这个时期孩子总是不听话，总是跟家长对着干。　(　　)

(2)请在两年之内使用这张卡，逾期作废。　(　　)

(3)每年六月份，毕业生纷纷离开校园，走进社会。　(　　)

(4)目前，装修的人特别多，装修公司的生意很好。　(　　)

(5)这一周社区在做关于安全使用电动车的宣传。　(　　)

(6)他目前还在实习，并不是公司的正式员工。　(　　)

4. 城市化及房地产推动，国有企业与工业化互动扩张的双重增长效应。

"双重"指两方面的，多用于抽象事物。其中"双"是"两、二"的意思，"重(chóng)"是指"层"的意思。如"双重关系""双重国籍""双重身份""双重标准"等。与此类似的还有"两重""多重""双赢""双边""双面"等。

①临近毕业，他面临着写论文和找工作的双重压力。

②一部手机从生产到出售要经过多重检验。

③这个项目的合作使两国达到了双赢的目的。

☞ **练一练：解释划线词语的意思。**

(1)冬日泡温泉时，室内和室外简直是冰火<u>两重天</u>。

____

(2)对待自己和对待别人不能使用<u>双重标准</u>。

____

(3)后来他的身份已经被查明，原来是一个<u>双面间谍</u>。

____

5. 出口负增长、经济下行的负能量

"负"指小于零的，与"正"相对。与此相关的词语还有"负资产""负利率""负收益""正能量"等。

①年轻人贷款买房后，就是负资产了。

②这种正能量的事迹值得表扬。

☞ **练一练：查资料，解释以下词语。**

(1)负利率：________________________________。

(2)负收益：________________________________。

(3)负激励：________________________________。

(4)正激励：________________________________。

五、综合练习

1. 选择恰当的词语填空。

动员　　动能　　动因

(1)贪婪是他犯罪的直接__________。

(2)经济发展的__________不足，会直接影响高质量发展的持续性。

(3)辅导员正在__________学生们参加运动会。

助力　　动力　　发力

(4)他成绩差，是因为他没有学习__________。

(5)中国__________全球经济共同发展。

(6)在马拉松比赛中，一定要注意__________的时间。

反弹　　反应　　反映

(7)从她的__________可以知道，她没有接受你的表白。

(8)绿水青山就是金山银山的理念__________中国政府保护自然生态的决心。

(9)节食减肥容易发生__________，科学减肥才能长久。

轮　　批　　次

(10)这一__________产品质量普遍不高。

(11)最难忘的旅行就是去年去三亚的那__________。

(12)中秋之夜，天空挂着一__________圆月。

2. 用所给词语完成句子。

(1)______________________________，保障了人民的基本生活。(平稳)

(2)今天我们一定要拿出一个结果，不管____________________。(争论)

(3)____________________________________，暴雨如注。(雷电交加)

(4)大家不能关起门来做研究，________________________。(借鉴)

(5)___________________________，需要五至十年的时间来恢复。(重创)

3. 用所给词语改写句子。

(1)受新冠肺炎疫情的影响，全球经济增速历史最差。(跌入谷底)

____________________________________。

(2)计划经济时代已经过去，市场经济适应了时代的发展。(从……转向)

____________________________________。

(3)市民们不再相信市长给出的任何承诺了。(受到质疑)

____。

(4)为助力全球经济，中国推出了“一带一路”合作倡议。(采取……重大举措)

____。

(5)新能源汽车技术的进步使私家车市场的需求越来越大。(拉动……增长)

____。

4. 排列顺序，组成语段

(1)a. 而是呈现S型变化的

b. 中国经济的增长路线不是平稳的

c. 因为不同阶段的政治政策和经济政策

d. 自从改革开放以来

e. 都会直接影响经济的发展　　　　　　　　　　　(　　)

(2)a. 中国经济开始下行

b. 但很快就跌入谷底

c. 1984年之后

d. 中间虽然有两年反弹

e. 之后开始进入了L型增长的阶段　　　　　　　　(　　)

5. 调研写作

经济的增长周期不是平稳的，而是波动的，就像一个人的人生，不总是一路平坦，会遇到各种困难。请留心观察，分享你或者你身边人的成长经历，是否也伴随着一个又一个的成长周期。

____

____

____

____

____

____

____

____

六、拓展阅读

不规则的周期波动

当今社会，大家都需要智能手机。手机公司会增加投资，供货商获得供货收入，工人获得工资收入，银行获得利息收入，老板获得利润收入，这些人群收入增加后，又会增加消费，这又带动其他行业增加投资、增加就业，于是经济走向繁荣。

由于半小时就可以生产一部手机，可是一部手机至少可以使用三五年，因此或迟或早，市场上智能手机的需求会饱和。一旦市场饱和了，企业就会减少投资。跟着而来的是，供货商供货收入减少，工人工资收入减少，银行利息收入减少，老板利润收入减少，这些人群收入减少后，又会减少消费，这又带动其他行业减少投资、减少就业，于是经济走向衰退。

只要生产能力超过消费能力，任何有利或者不利的冲击，都会引起经济连锁反应，导致经济走向繁荣或者衰退。新技术的发明、新产品和新服务的出现、新市场的发现，一切新的增长机会，都会使经济走向繁荣，但是经济最终又都会因为生产能力超过消费能力而走向衰退。

由于工业革命大大提高了生产效率，使得生产能力超过了消费能力，所以工业革命后，经济的周期性波动是一个常见现象。特别是在耐用品经济中，由于市场饱和点的存在，这种周期性波动就成为了经济的典型特征。当然，这并不是说在工业革命以前，经济就没有周期波动，也是有波动的，只不过，那时的波动主要是由天气等自然因素引起的。

经济之所以向下调整，是因为先前的投资多了，产品不再被社会需要了。人人手上有一台智能手机，这个时候，你怎么做需求管理，让人人手上拿两台吗？正确的做法是鼓励创新，让企业造出功能更新、体验感更好的手机。经济向下调整，不是经济现在出了问题，而是经济过去出了问题。经济调整其实是经济自我修正和康复的过程。

某种意义上说，经济周期波动是好现象，说明经济有活力，创新打破了旧的均衡，例如阿里巴巴和京东打破了零售业的原有格局，降低了商品价格，消费者得到实惠，这不很好吗？明白了经济周期的产生原因，我们就要懂得，经济的这种周期波动，并不是物理世界钟摆那样的机械运动。经济会周期性波动，但是，波动的大小和长短都是不规则的。

（作者：谢作诗，选自《深圳特区报》，有部分删改。）

根据以上短文回答问题。

1. 什么会导致经济走向衰退？

____

____

2. 经济下行时，正确的做法是什么？

____

____

第十课　和平与合作之路——“一带一路”倡议

一、知识导读

一带一路(yī dài yī lù)：2013年9月和10月由中国国家主席习近平分别提出建设的“新丝绸之路经济带”和“二十一世纪海上丝绸之路”合作倡议的简称。

对外经济关系(duì wài jīng jì guān xì)：一个国家与其他国家和地区之间经济联系的总称。

二、课文

“一带一路”倡议与中国的对外经济关系

中共十八大以后，面对中国国内经济新常态和国际政治经济形势变化，以习近平同志为核心的党中央提出了“丝绸之路经济带”和“二十一世纪海上丝绸之路”的构想，并在总结以往国际经济合作经验的基础上，筹划中国对外经济合作的愿景，形成了完整的“一带一路”倡议蓝图。

“一带一路”倡议遵循国际经济合作发展规律，是“走出去”战略的延伸与扩展。“走出去”战略的实质是全面参与国际经济合作，而“一带一路”倡议是实现各国间战略对接、优势互补的桥梁，“一带一路”倡议在构筑中国参与国际合作新平台的同时，为中国为企业“走出去”参与全球经济合作带来了更多新机遇和契机，有力地推动了中国经济社会的可持续发展。

“一带一路”倡议提出后，很快就获得了联合国承认，目前已有100多个国家和国际组织参与，这在很大程度上说明了它的吸引力，具体表现在：第一，“一带一路”依据新的国际经济竞争与矛盾特征，顺应了沿线国家实现共同发展良好诉求，也顺应了发展中国家要求变革全球治理体系的合理诉求，是中国与沿线国家和地区携手发展的新起点；第二，发展是人类社会永恒的主题，“一带一路”是和平合作发展理念的新诠释，开创了人类发展理念的新境界，是完善全球经济治理体系的新尝试；第三，“一带一路”构建的新型全球化合作平台，既符合国际经济发展规律，又顺应了国际经济合作规律的客观选择。

“一带一路”倡议实施目的是生产要素跨国流动的更高层次优化配置。在经济学理论上，生产要素具有以下特点：第一，生产要素通过流动以交易方式实现配置；第二，生产要素禀赋差异推动生产要素的国际流动；第三，在生产诸要素流动中，活跃程度最高、作用和规模最大的是资本流动；第四，促进经济增长的核心动力是劳动生产率提高，资本和技术是生产率超乎寻常增长的主要源泉。在经济平稳增长中，起决定作用的是技术，决定技术发展的是资本。在以资本流动为引领的生产要素全方位流动和全要素合作中，国际资本流动极大地促进了生产要素跨国界优化组合，使生产要素在更高水平上得以优化配置。

中国经济进入新常态后，传统增长模式难以为继，需要寻找新的生产要素国际流动方式来推动新一轮发展。从地域范围看，“一带一路”贯穿欧亚非大陆，人口近45亿，约占全球2/3；从经济发展看，“一带一路”覆盖全球经济增长最活跃的多个国家和地区，吸引外资和对外直接投资增速较快；从合作角度看，“一带”覆盖中亚五国，能源资源相对富集，人力与技术相对短缺，基础设施建设囿于资金困难举步维艰，通过“一带”可以西进欧洲，在联通欧亚经济基础上开拓了更大的合作范围，“一路”覆盖东南亚地区，这一区域具有人力成本较低，就业岗位不足和资金技术相对紧缺的特点。整体看，“一带一路”覆盖区域资源禀赋各异，经济互补性强，合作潜力和空间巨大。通过“一带一路”建设，不仅可以发挥中国在资本、技术等方面的比较优势，也有助于推动市场、产业和项目实现彼此深度融合，形成各取所需、优势互补、互惠互利、共享共赢的良好局面。

中国已出资400亿美元成立丝路基金，出资1000亿美元建立了亚投行，得到77个国家响应(2017年5月)，通过两项相互补充的投资，在邻近各国开展基础设施建设，不仅可以化解中国国内产能过剩，而且为巨额外汇储备开拓了更多有效的多元化投资途径，这说明中国已走向以资本流动为引领的全要素国际经济合作快车道，并积极参与到国际资本循环中。

(作者：章昌裕，选自《国际经济合作》，有部分删改。)

三、生词

1.	倡议	动、名	chàng yì	首先建议；首先提出的主张。
2.	构想	名	gòu xiǎng	形成的想法。
3.	筹划	动	chóu huà	定计划；想办法。
4	愿景	名	yuàn jǐng	所向往的前景。
5.	蓝图	名	lán tú	建设规划或计划。
6.	延伸	动	yán shēn	延长。
7.	扩展	动	kuò zhǎn	向外延长或扩大。
8.	实质	名	shí zhì	事物本身所固有的性质。
9.	对接	动	duì jiē	互相接触、沟通。
10.	构筑	动	gòu zhù	构建，建立(一般用于抽象事物)。
11.	契机	名	qì jī	事物转化(多指向积极的方向)的关键。
12.	顺应	动	shùn yìng	依照别人的意愿行动；适应。
13.	沿线	名	yán xiàn	靠近铁路、公路或航线的地方。

14.	诉求	名	sù qiú	愿望；要求。
15.	治理	动	zhì lǐ	统治；管理。
16.	携手	动	xié shǒu	手拉着手；指共同做某事。
17.	永恒	形	yǒng héng	长久不变。
18.	理念	名	lǐ niàn	思想；观念。
19.	诠释	动	quán shì	说明；解释。
20.	境界	名	jìng jiè	事物所达到的程度或表现的情况。
21.	跨国	动	kuà guó	从一个国家到另一个国家。
22.	禀赋	名	bǐng fù	人的体魄、智力等方面的素质。本文指某方面的富裕程度。
23.	诸	形	zhū	众；许多。
24.	活跃	形	huó yuè	行动活泼而积极。
25.	超乎寻常		chāo hū xún cháng	超过了平时的情况。
26.	全方位	名	quán fāng wèi	各个方向或位置；所有的方面。
27.	难以为继	成	nán yǐ wéi jì	很难继续下去。
28.	地域	名	dì yù	面积相当大的一块地方。
29.	贯穿	动	guàn chuān	穿过；连通。
30.	覆盖	动	fù gài	从上面遮住；指涉及或影响到。
31.	富集	动	fù jí	丰富而集中。
32.	囿于	动	yòu yú	被限制在。
33.	举步维艰	成	jǔ bù wéi jiān	办事情每向前进行一步都十分不容易。
34.	紧缺	形	jǐn quē	(物资等)因短缺而供应紧张。
35.	潜力	名	qián lì	潜在的尚未发挥出来的力量。
36.	项目	名	xiàng mù	在一定的约束条件下，具有明确目标的一次性任务。
37.	融合	动	róng hé	几种不同的事物合成一体。
38.	响应	动	xiǎng yìng	用言语或行动表示赞同、支持某种号召或倡议。
39.	巨额	形	jù é	数量很大的(钱财)。
40.	快车道	名	kuài chē dào	道路上专供快速行驶用的车道。本文指事物的快速发展道路。

专有名词：

1.	中共十八大	zhōng gòng shí bā dà	中国共产党第十八次全国代表大会，于2012年11月8日在北京召开。(The 18th National Congress of the CPC)
2.	经济新常态	jīng jì xīn cháng tài	一种强调结构稳增长、可持续发展的经济状态。(New Normal of Economy)

3.	“走出去”战略	zǒu chū qù zhàn lüè	中国对外开放的基本国策，包括经济的对外投资和合作，开拓海外市场，去海外投资办厂。（Go Global Strategy）
4.	发展中国家	fā zhǎn zhōng guó jiā	经济、技术、人民生活水平程度较低的国家，表现为人均国内生产总值相对比较低，与发达国家相对。（The Developing Country）
5.	生产要素	shēng chǎn yào sù	社会进行物质生产所必需的一切要素及其环境条件，包括土地、资本、劳动、科技、管理等。（Factors of Production）
6.	人力成本	rén lì chéng běn	企业在一定时期的生产、经营活动中，因使用劳动者而支付的费用总和。（Labor Costs）
7.	比较优势	bǐ jiào yōu shì	一个生产者以低于另一个生产者的成本生产一种物品的行为。（Comparative Advantage）
8.	亚投行	yà tóu háng	亚洲基础设施投资银行，由中国倡议设立的一个亚洲区域多边开发机构，重点支持基础设施建设，总部设在北京。（Asian Infrastructure Investment Bank）
9.	产能过剩	chǎn néng guò shèng	在生产能力充分利用的条件下，所生产出来的产品超出了社会的需要。（Excess Capacity）
10.	外汇储备	wài huì chǔ bèi	各国中央银行和政府机构所拥有的并可以随时兑换成外国货币的外汇资产。（Foreign Exchange Reserve）

四、综合注释

1. 在生产诸要素流动中。

“诸”为“许多”的意思，一般用在书面语中，如“诸位”“诸多”“诸如”“诸如此类”“诸多不便”等。

①诸位辛苦了，请坐下来喝杯茶。

②她对男朋友的要求很高，诸如血型、星座、身高、学历等。

③由此给您带来的诸多不便，还请见谅。

☞ **练一练：解释划线词语的意思。**

（1）这家网店经营电视机、收音机以及<u>诸如此类</u>的商品。

____

（2）最近，很倒霉，<u>诸事不顺</u>。

____

（3）今年的天气变化无常，给农业生产带来了<u>诸多</u>难题。

____

2. 在以资本流动为引领的生产要素全方位流动和全要素合作中。

“全×”指所有的×，表示全面、完全，如“全天候”“全自动”“全覆盖”“全盘”“全线”“全军”。

①将军的指挥不当，使全军覆没。

②这两个国家是全天候的合作伙伴。

③这条铁路预计明年五月全线通车。

☞ **练一练：用所给词语改写句子。**

(1)工厂中的机器人逐渐代替人工，它们可以自己独立完成工作。(全自动)

____

(2)他只做错了一点就被老板全部否定了。(全盘)

____

(3)校园内任何地方都可以搜到学校的无线网络。(全覆盖)

____

3. 国际资本流动极大地促进了生产要素跨国界优化组合，使生产要素在更高水平上得以优化配置。

“得以”是“可以、能够”的意思，指借助某一件事来做成另一件事。

①你的梦想得以实现，全靠自己的努力奋斗。

②通过多次热身赛，我们队的整体水平才得以提升。

③汉语课程的改革使学院的整体教学质量得以大幅度提高。

☞ **练一练：完成句子。**

(1)中国地域大，小商品市场发达，这才使电子商务得以______________。

(2)只有加大对传统文化的保护，才能使其得以______________。

(3)企业必须进行技术创新，只有这样，企业才能得以______________。

4. “一带一路”覆盖区域资源禀赋各异。

“各”作副词时，表示多人在同时做一件事，或多个事物都具有某种属性。如“各异”(都有不同的属性)；作代词时，表示某一范围内的所有个体。如“各取所需(所有人都得到自己所需要的)”。

①这个会议室前后各有一扇门可以通行。(副词)

②各位来宾，大家好！欢迎来参加我们的婚礼。(代词)

③世界各国对这次金融危机都准备不足。(代词)

☞ **练一练：先确定“各”的词性，再解释划线词语的意思。**

(1)这两幅画风格迥异，<u>各有千秋</u>。

____

(2)毕业了，往日的同学们已经<u>各奔东西</u>。

____

(3)他喜欢各式各样的动漫。

____

5. 也有助于推动市场、产业和项目实现彼此深度融合。

"彼此"中"彼"是"那个"，"此"是"这个"，表示那个和这个。另外，"彼此"还可作为客套话来回答，表示大家一样。

①他们是多年的好朋友，不分彼此。

②他们都认识到了彼此的错误。

③经过这么多年的相处，他们彼此十分了解。

④A：您辛苦啦！

B：彼此彼此！

☞ **练一练：查字典，选择合适的词语填空。**

厚此薄彼　　此一时，彼一时　　由此及彼　　非此即彼　　顾此失彼

(1)犯罪分子有两条路可以走，一条是自首，一条是逃亡被捕，__________。

(2)小孩子在学习时候，也要保护好自己的眼睛，不能__________。

(3)看到这一幅画，__________，可以联想到另外一幅与此类似的画。

(4)对待学生要一视同仁，绝不可__________。

(5)四十年前的深圳和现在的深圳相比，真是__________。

五、综合练习

1. 选择恰当的词语填空。

构筑　　构想　　设想

(1)一带一路的__________为沿线国家带来新的发展机遇。

(2)__________你是领导，你会怎么处理这件事？

(3)同心协力才能__________美好未来。

风景　　愿景　　背景

(4)华为的企业__________是"丰富人们的沟通与生活"。

(5)这条高铁线路沿线的__________特别值得一游。

(6)你手机的__________图片是你女朋友吗？

覆盖　　掩盖　　隐藏

(7)她把自己的真实情感__________了起来，不想让人知道。

(8)你的谎言__________不了事实。

(9)早上起来，院子里__________了一层厚厚的白雪。

响应　　顺应　　适应

(10)对于留学生来说，尽快__________学校的生活是最重要的。

(11)班长的倡议得到了大家的__________，纷纷前去帮忙。

(12)只有__________历史的发展，才能驶入时代发展的快车道。

筹划　　规划　　计划

(13) 为了____________这场同学会，班长付出了很多时间。

(14) 明天去河边钓鱼的____________得到了大家的一致同意。

(15) 这个城市的十年____________引人瞩目。

2. 用所给词语完成句子。

(1) 只要________________________，明天一定会更美好。(携手)

(2) 如果公司事务还是没人管理，________________________。(难以为继)

(3) 面对各方面的压力，___________________________。(举步维艰)

(4) 京广高铁______________________，是中国主要的交通动脉。(贯穿)

(5) 这次爬山给我们带来了__________________________。(超乎寻常)

3. 用所给词语改写句子。

(1) 人工智能的应用有助于降低人工成本，可促进行业快速增长。(为……带来契机)

____

(2) 作为领导，要多听听群众的意见，不然就会脱离群众。(顺应了……诉求)

____

(3) 这位画家的画风格独特，在山水画系列中无人能比。(开创了……新境界)

____

(4) 互联网给人们的生活带来了很多选择，比如网购、线上学习、网络兼职等。(开拓……途径)

____

(5) 新技术被应用以后，产品的生产速度加快了一倍。(走向……快车道)

____

4. 排列顺序，组成语段。

(1) a. 这既符合国际经济发展规律
b. 更顺应国际经济合作规律的客观选择
c. 构建了新型的全球化合作平台
d. 又符合国际经济发展趋势
e. “一带一路”倡议　　　　　　　　(　　)

(2) a. 不仅可以发挥中国的资本优势
b. 形成各取所需的良好局面
c. 同时也有助于推动市场、产业和项目实现彼此合作
d. “一带一路”的建设
e. 还可以发挥中国的技术优势　　　　(　　)

5. 调研写作。

“一带一路”倡议是中国国家级顶层合作倡议，给世界很多国家的经济发展注入了新的活力。请联系自己国家的情况，分享“一带一路”与你的国家或其他国家之间的故事。

六、拓展阅读

“一带一路”为发展中国家增添动能

缺乏完善的基础设施是制约很多发展中国家经济增长的重要因素。在“一带一路”倡议下，许多发展中国家积极与中国开展合作，共同完善当地基础设施建设，经济发展动力因此得到提升。同时，产业园建设合作又使许多发展中国家的工业化有了长足进步，提升了这些国家继续投资基础设施的能力。中国近些年来有许多海外投资成功的例子，其中在非洲埃塞俄比亚和一些东南亚国家的项目都很有代表性。

埃塞俄比亚位于非洲大陆东北部，是古代“丝绸之路”沿线国家。非洲总体自然资源丰富，但埃塞俄比亚的资源却比较贫乏，经济发展曾面临困境。“一带一路”倡议提出后，埃塞俄比亚积极引进中国投资，建设产业园和基础设施，这为其经济发展增添了动力。近5年来，埃塞俄比亚GDP实现高速增长，已跻身非洲中等收入国家行列。中国与埃塞俄比亚合作共建的工业园，让中国一些出口加工类的制造业产业转移到了埃塞俄比亚，为两国产能合作带来了重大机遇。另外，埃塞俄比亚是内陆国家，把工业制成品送到国际市场上有很大困难。在“一带一路”倡议下，中国与埃塞俄比亚合作修建亚吉铁路。这条铁路把埃塞俄比亚首都亚的斯亚贝巴与吉布提港口连接起来，埃塞俄比亚生产的工业制成品就可以通过铁路运到吉布提港口，然后再通过海运运往欧美市场。亚吉铁路的建成，大大促进了埃塞俄比亚的工业化进程。

在东南亚，“一带一路”建设大大推动了相关国家的产业升级。长期以来，东盟国家经济发展面临的一大难题是缺少出口创汇能力，当前中国推动经济转型，使得中国国内的一些产业转移到了东盟国家，给当地经济发展带来了新机遇。在“一带一路”倡议下，中国不仅帮助东盟国家建成了许多产业园，同时也帮助这些国家完善了配套的基础设施，使得当地产业得到升级，更容易吸收制造业投资，从而带动了东盟国家的出口收入增长。

美国加利福尼亚州一家研究机构发布的一项研究表明，随着“一带一路”倡议下基础设施建设的推进，非洲国家的经济活动更加多样化，地区之间的发展更加平衡，“一带一路”对非洲国家缩小地区差距和减少贫困产生了巨大影响。

（作者：丁一凡，选自《经济日报》，有部分删改。）

根据以上短文回答问题。

1. “一带一路”为发展中国家带来了哪些动能？

____

____

2. “一带一路”为东盟国家解决了哪些难题？

____

____

中国经济

第十一课　中国的改革开放

一、知识导读

可持续发展(kě chí xù fā zhǎn)：自然、经济、社会的协调统一发展，既能满足当代人的需求，又不损害后代人的长远利益。

绿色发展(lǜ sè fā zhǎn)：一种以效率、和谐、持续为目标的经济增长和社会发展方式。

二、课文

改革开放四十年的中国经济发展

2018 年正逢中国改革开放四十周年。从 1978 年到 2018 年的四十年里，中国的经济发生了翻天覆地的变化。这场经济发展奇迹不仅仅改变了中国自身的发展轨迹，同时也对世界经济发展产生了深远的影响。

改革开放四十年中国经济发展的成就

中国经济持续快速发展。从数量规模上看，1978 年改革开放伊始，中国的经济规模仅有 3679 亿元人民币；而到 2017 年，中国名义 GDP 已经高达 82.71 万亿元人民币(相当于 12.2 万亿美元)，中国经济总量占世界经济的比重由 1978 年的 1.8%上升到 2017 年的 16%。从经济增速角度看，四十年来，中国名义 GDP 的年均增速高达 14.5%。从经济结构的角度看，中国工业化进程加快，产业结构日趋合理化。2017 年，中国第三产业的发展已成为拉动中国经济增长的主要力量。

社会经济发展水平整体提高。经济发展不仅包括经济增长的指标，还需要从社会福利的角度看中国的经济发展。从人均 GDP 的角度看，中国人均 GDP 在 1978 年为 381 元人民币，2017 年高达 59660 元人民币(相当于 8800 美元)，已经跻身中等偏上收入国家行列。四十年来，中国共计有 7 亿多人脱贫。有学者曾指出，中国农村上亿人摆脱贫困，实现粮食自给自足，这是人类发展史上一件了不起的事情。从社会生活水平的角度看，中国经济的快速增长使得中国在能源、交通、通信、科教文卫等基础产业、基础设施建设等领域取得诸多辉煌成就。

绿色发展与可持续发展。从经济增长的质量上看，改革开放伊始，囿于自身发展经济的困境，中国的经济发展处于粗放型发展阶段。随着中国经济规模的逐渐扩大，中国也意识到转变自身经济发展方式的重要性。早在2003年7月，中共中央总书记胡锦涛就提出了“坚持以人为本，树立全面、协调、可持续的发展观，促进经济社会和人的全面发展”。在2017年召开的中共十九大上，习近平总书记明确提出“推进经济发展转型升级，建设现代化经济体系，推动中国经济发展走上高质量、可持续的新路子”。最近十年间，中国在经济增长的同时，减少了将近41亿吨二氧化碳的排放。

改革开放四十年中国对世界经济的影响

中国对外贸易、投资对全球经济的拉动作用明显。四十年来，中国始终坚持对外开放的基本政策，积极融入经济全球化的发展进程。1978年，中国进出口贸易总额为355亿元，2017年达到27.79万亿元。2018年，中国商品贸易出口继续位居世界第一位，占全球份额的12.8%。中国商品贸易进口位居全球第二位。与此同时，中国2016年对外直接投资规模达到1961.5亿美元，蝉联全球第二大投资国地位。

中国经济转型升级为世界经济发展提供了新的经验。2018年4月世界贸易组织发布的《全球贸易数据与展望》报告指出，中国的经济结构改革对全球贸易增长将产生积极影响。中国经济从主要依靠投资向消费的转型，从长期来看将有助于中国经济的持续增长，从而支持全球经济的持续增长。更为重要的是，作为当今世界最大的发展中国家，中国经济发展的转型升级将对其他发展中国家提供重要的借鉴，为广大发展中国家提供更贴近自身经济发展的路径和模式。

中国正在积极主动参与全球经济发展与治理。随着经济实力的不断增强，中国积极主动地参与到全球经济发展和经济治理事务中去。早在2002年，中国政府便提出，坚持“引进来”与“走出去”相结合的方针，全面提高对外开放水平。随后，历届中国政府更加积极地加快实施“走出去”的政策。特别是2008年全球金融危机之后，针对全球经济缓慢复苏的新形势，中国先后出台了一系列措施。一方面，中国不断提高自身对外开放的水平，积极开展自由贸易区建设与谈判，推动全球双边与多边贸易、投资的发展。另一方面，针对“一带一路”沿线国家基础设施建设供不应求的情况，中国适时提出了“一带一路”倡议，这为全球经济的持续增长奠定了重要基础。

（作者：张建平 沈博，选自《当代世界》，有部分删改。）

三、生词

1.	逢	动	féng	遇到；遇见。
2.	周年	名	zhōu nián	满一年。
3.	翻天覆地	成	fān tiān fù dì	形容变化巨大而彻底。
4	奇迹	名	qí jì	想象不到的不平凡的事情。

5.	轨迹	名	guǐ jì	一个点移动的全部路径；比喻人生经历的或事物发展的道路。
6.	深远	形	shēn yuǎn	(影响、意义等)深刻而长远。
7.	伊始	动	yī shǐ	开始。
8.	角度	名	jiǎo dù	分析事情的出发点。
9.	日趋	副	rì qū	一天一天地走向；逐渐地。
10.	跻身	动	jī shēn	使自己上升到(某种行列、位置等)。
11.	行列	名	háng liè	人或物排成的直行。
12.	脱贫	动	tuō pín	离开贫困状态进入富裕状态。
13.	自给自足	成	zì jǐ zì zú	依靠自己的生产满足自己的需要。
14.	能源	名	néng yuán	社会生产、生活等各方面所需要的能量的来源。
15.	辉煌	形	huī huáng	(成绩等)显著。
16.	时任	动	shí rèn	一个人过去的某个时间担任的职务。
17.	树立	动	shù lì	建立(多用于抽象的好的事情)。
18.	发展观	名	fā zhǎn guān	关于事物发展变化的观点。
19.	召开	动	zhào kāi	召集人们开会；举行(会议)。
20.	转型	动	zhuǎn xíng	社会经济结构、文化形态、价值观念等发生转变。
21.	升级	动	shēng jí	从较低的等级或班级升到较高的等级或班级。
22.	路子	名	lù zi	途径；门路。
23	排放	动	pái fàng	排出(废气、废水等)。
24.	融入	动	róng rù	有形或无形的物质合在一起。本文指一个组织进入另一个组织。
25.	位居	动	wèi jū	位次居于(序列中的某处)。
26.	份额	名	fèn é	在整体中所占的部分数额。
27.	蝉联	动	chán lián	连续(多指连任某个职务或继续保持某种称号)。
28.	展望	动	zhǎn wàng	对事物发展前途进行观察与预测。
29.	贴近	动	tiē jìn	紧紧地挨近；接近。
30.	路径	名	lù jìng	道路(指如何到达目的地时说)。
31.	事务	名	shì wù	所做的或要做的事情。
32.	方针	名	fāng zhēn	指引事业前进的方向和目标。
33.	历届	形	lì jiè	过去各届的。
34.	谈判	动	tán pàn	有关方面对要解决的重大问题进行会谈。
35.	双边	形	shuāng biān	由两个方面参加的。
36.	多边	形	duō biān	由三个或更多方面参加的。
37.	适时	形	shì shí	适合当时的需要；不太早也不太晚。

专有名词：

1.	名义 GDP	míng yì GDP	按当年市场价格计算出的当年所生产的全部最终产品的价值。与“实际 GDP”相对，即按以前某一年的市场价格作为基础期计算出的当年所生产的全部最终产品的价值。(Nominal Gross Domestic Product)
2.	第三产业	dì sān chǎn yè	不生产物质产品的行业，即服务业。(Tertiary Industry)
3.	社会福利	shè huì fú lì	为保证所有公民的一定生活水平和尽可能提高生活质量，国家依法提供资金和服务的社会保险制度。(Social Welfare)
4.	科教文卫	kē jiào wén wèi	科学、教育、文化、卫生。(Science, Education, Culture and Public Health)
5.	粗放型发展	cū fàng xíng fā zhǎn	一种依靠能源资源的高投入、高消耗来拉动经济增长的方式。(Extensive Pattern of Development)
6.	中共中央总书记	zhōng gòng zhōng yāng zǒng shū jì	中国共产党中央委员会总书记是中国共产党自 1982 年以来最高领导人职务的称谓。(General Secretary of Central Committee of the Communist Party of China)
7.	中共十九大	zhōng gòng shí jiǔ dà	中国共产党第十九次全国代表大会于 2017 年 10 月 18 日至 24 日在北京召开。(19th CPC National Congress)
8.	经济全球化	jīng jì quán qiú huà	世界经济活动超越国界，通过对外贸易、资本流动、技术转移、提供服务等形成的全球范围的经济整体。(Economic Globalization)
9.	自由贸易区	zì yóu mào yì qū	在主权国家或地区以外，划出特定的区域，准许外国商品零关税自由进出。(Free Trade Area)

四、综合注释

1. 中国名义 GDP 已经高达 82.71 万亿元人民币(相当于 12.2 万亿美元)。

“X 相当于 Y”指 X 在数量、价值、条件、情形等方面与 Y 差不多。与此类似的还有“X 等同于 Y、“X 等值于 Y”等。该义项还可用在“X 和 Y 在某方面相当”格式中。

①今天的工作量相当于平时一周的工作量。

②他们两个人年纪相当。

③你的汉语水平相当于 HSK 五级水平。

☞ **练一练：用所给词语改写句子。**

(1) 他的工资是我的工资的 3 倍。(相当于)

____

(2) 这次考试我得了 95 分，他得了 95.5 分。(相当)

____

(3) 你的体重跟我们俩的体重之和差不多。(相当于)

____

2. 已经跻身中等偏上收入国家行列。

“中等偏上”指所处水平在中等水平之上，但还没有达到高等水平。与此类似的还有“偏下”“偏左”“偏右”“靠上”“靠下”“靠左”“靠右”等。

①她的汉语水平在我们班属于中等偏上水平。

②你的座位在第三排中间靠左的位置。

③供游人休息的凉亭建在中部靠上的山腰上。

☞ **练一练：选择合适的词语填空。**

(1) 向前走，到第一个路口后__________转，就能看见银行了。(向左、偏上、靠右、往下)

(2) 从 30 层楼的窗户__________看，我会感到很害怕。(向左、偏上、靠右、往下)

(3) 在中国大陆，行人和车辆都是__________行驶的。(向左、偏上、靠右、往下)

(4) 你这幅画挂得有点__________，再低点儿就更好了。(向左、偏上、靠右、往下)

3. 坚持以人为本，树立全面、协调、可持续的发展观。

“树立”多用于建立抽象的好的事情，如“树立榜样”“树立典型”“树立正确观念”等。

①他为我们树立了助人为乐的好榜样。

②大家要树立信心，不要怕失败，最后一定可以成功。

③一个人从小就要树立远大的人生理想。

☞ **练一练：用“树立”改写句子。**

(1) 他是我们学习的好榜样。

____

(2) 我们都应该具有环保理念，为建设美好的家园贡献力量。

____

(3) 有了创新意识，企业的发展动力才会永不枯竭。

____

4. 随后，历届中国政府更加积极地加快实施“走出去”的政策。

“历届”是指过去各届。与此类似的还有“历年”“历朝历代”“历次”“历任”等。

①从那以后，历朝历代都用法律与道德统治天下。

②从入学至今，他历次考试都不及格。

③这个城市的历任市长都没有解决这个难题。

☞ **练一练：用所给词语改写句子。**

(1) 买这套房子花光了他所有的积蓄。(历年)

____

(2) 在这次校友会上，校长对以前所有的毕业生表达了谢意。(历届)

____

(3) 他喜欢收藏过去各个朝代的名画。(历代)

____

5. 推动全球双边与多边贸易、投资的发展。

“双边”是指由两个方面参加的。“多边”是指由三个或更多方面参加的。如“双边会谈”“多边协议”等。与此类似的还有“单边”，指双方或多方中某一方的。

①中国与意大利的双边贸易额突破了3672亿元。

②加强地区多边合作是维护地区稳定的重要措施。

③这次单边行动让对方感到非常意外。

☞ **练一练：选择合适的词语填空。**

(1) 比赛进行到最后十分钟，__________队员太疲惫了，早已无心恋战。(单边、双边、多边、双方)

(2) 中国、德国和法国的__________会议已于昨天在柏林召开。(单边、双边、多边、双方)

(3) 这种没有经过大家同意的__________行动是不正确的。(单边、双边、多边、双方)

(4) 这两家公司的__________谈判已经进行了五轮。(单边、双边、多边、双方)

五、综合练习

1. 选择恰当的词语填空。

轨迹　　升级　　奇迹

(1) 西安的秦始皇兵马俑被称为“世界第八大____________”。

(2) 这款手机软件的版本太低了，需要____________。

(3) 这个事件影响了公司的发展____________。

跻身　　蝉联　　位居

(4) 今年，这家企业____________“世界五百强”了。

(5) 在中国最适合居住的城市排名中，北京____________倒数第一。

(6) 今年这支球队再一次____________世界冠军。

路径　　路子　　道路

(7) 违法赚钱的____________不能走，不然吃亏的是你自己。

(8) 这个网站可以查询今年第八号台风的____________。

(9) 这条____________年久失修，车辆已经不能通行了。

展望　　希望　　愿望

(10) 回顾过去，才能更好地____________未来。

(11) 只有坚持不懈地努力，才能实现自己的____________。

(12) 学生们____________早点回到学校，开始新学期的学习。

适时　　适当　　适合

(13) 秋冬季节，为防止感冒，应____________增减衣物。

(14) 对犯错误的学生，要做____________的批评。

(15) 如何才能找到____________自己的工作呢？

2. 用所给词语完成句子。

(1) 近四十年来，中国社会______________________________。（翻天覆地）

(2) 大学毕业后，生活不能再依靠爸妈了，____________________。（自给自足）

(3) 在大城市停车越来越麻烦了，__________________________。（日趋紧张）

(4) 这个国家____。（辉煌成就）

(5) 这家企业要想可持续发展，______________________________。（转型升级）

3. 用所给词语改写句子。

(1) 经过多年的努力，这家公司终于进入了“最强公司”前十名。（跻身……行列）

____。

(2) 年轻人一定要有正确的人生观、价值观，才能健康地成长。（树立……观念）

____。

(3) 中国必须继续走改革开放的路子，才能保持经济的高速发展。(坚持……方针)

______________________________。

(4) 这件事情对公司来说，影响太坏了。(产生……影响)

______________________________。

(5) 中国经济发展与世界经济发展进入了新的发展阶段。(融入……进程)

______________________________。

4. 排列顺序，组成语段。

(1) a. 中国农村上亿人摆脱贫困
b. 这是人类发展史上一个了不起的事情
c. 实现粮食自给自足
d. 也是改善人权的巨大成就
e. 英国学者指出 (　　)

(2) a. 中国经济囿于自身发展的困境
b. 中国也日益意识到转变自身经济发展方式的重要性
c. 长时间地处于粗放型发展阶段
d. 改革开放初期
e. 但随着中国经济规模的逐渐扩大 (　　)

5. 调研写作。

"改革开放"为中国经济发展提供了强劲的动能。请结合自己国家的情况，分享一下你的国家的经济发展轨迹。

____

____

____

____

____

____

____

六、拓展阅读

中国改革开放深刻影响着世界

2013年我来中国赴任。第一天踏上这片土地时，看到中国朋友们的热情微笑，我仿佛回到自己家里。

中国地域辽阔，不同地区各具特色，呈现出五彩斑斓的景象，让我十分着迷。初识北京、上海和深圳的繁华，各种设计时尚、造型独特的楼宇建筑，让我感觉这些地方已同发达国家城市无异；再去其他城市，我又意识到中国仍是一个发展中国家，北京胡同里保存着中国传统建筑风貌，那里的人们按照传统方式生活着。

中国人愿意学习，善于快速接受并适应新的变化。仿佛一夜之间，微信、支付宝等手机支付软件便走进了百姓寻常生活，中国的网络购物占全社会消费品零售总额比重遥遥领先于其他国家。可以看到，中国经济发展势头依然强劲，经济发展质量继续改善。当中国经济持续稳步增长，庞大的中产阶层收入水平上升，他们对更高质量的商品和服务的需求，将给其他国家创造更多出口机遇。

在改革开放初期，中国设立深圳、珠海等几个经济特区进行试点，取得成功与共识后，再把试点经验和做法推广开来。这样的模式正被许多国家所复制。在推进改革开放的过程中，中国不断评估各项举措是否有效，并做出调整。中国也愿意倾听和学习其他国家的成功做法，并从自己的实践中汲取正反两方面经验。这是中国拥有的宝贵财富之一。

改革开放以来，中国实施大规模扶贫开发，使7亿多农村人口摆脱贫困，这是令人瞩目的成就。目前，中国对世界经济增长的贡献率在30%以上。如果没有中国制造业的长足发展，发达国家的民众就不能以这样实惠的价格购买到优质的商品和服务。

在金融领域，中国对外开放的脚步从未停歇。2016年10月，人民币加入国际货币基金组织(IMF)特别提款权货币篮子，这是国际社会对中国改革开放成就的认可，具有里程碑意义。我们看到，2018年，国际投资者大举增持中国的债券资产，全球资本正加速流入中国股市。

正如中国通过促进对外贸易，促使本国制造企业在生产上精益求精、从而推动中国商品质量提升一样，我们也期待中国进一步开放服务市场，推动服务业的质量稳步上升，这对于中国和世界都有重要意义。中国正处在由高速增长阶段转向高质量发展阶段的重要历史时期。我们期待中国继续推进更高水平的开放，为这次重要转型赋予新动能。

（作者：席睿德，选自《人民日报》，有部分删改。）

根据以上短文回答问题。

1. 改革开放初期，中国的哪些政策正在被一些国家模仿学习？

____

____

2. 发达国家民众如何感受到中国制造业所带来的影响？

____

____

第十二课　中国的经济体制改革

一、知识导读

经济体制(jīng jì tǐ zhì)：一定社会组织内部资源配置的机制、方式和结构的总和，可把有限的资源配置到不同的生产和服务部门，以满足人们多方面日益增长的需要。

经济特区(jīng jì tè qū)：一个国家或地区划出的实行特殊经济政策和经济体制的地区。

二、课文

中国经济体制的改革历程

回顾中国过去四十年经济体制的改革历程，总体上是沿着所有制结构的调整和经济运行机制的改革这两条主线不断深化的。

第一条主线是推进所有制结构的调整和改革，包括发展个体私营经济、利用外资和公有制改革等。

个体经济的恢复和发展。1979 年 2 月，面对巨大的就业压力，相关部门提出："各地可根据当地市场需要，在取得有关业务主管部门同意后，批准一些有正式户口的闲散劳动力从事修理、服务等个体劳动，但不准雇工。"尽管有种种限制，但它却为城市个体经济的发展开了绿灯。

私营经济接踵而来。个体经济一发展，私营经济就接踵而来。经过一段时间的观察和实践，人们对私营经济的认识逐渐明确。1988 年 4 月，《中华人民共和国宪法修正案》规定："私营经济是社会主义公有制经济的补充。国家保护私营经济的合法权利和利益，对私营经济实行引导、监督和管理。"同年，各地开始办理私营企业的注册登记，中国私营企业可以名正言顺地发展了。

引进和利用外资。改革开放初期，对外开放主要是办经济特区、引进和利用外资。对此，各界从一开始就有不同意见，主要是针对经济特区"姓资还是姓社①"的问题。但在党中央和邓小平的大力支持下，深圳特区头几年就做出了成绩。此后，从经济特区到全

---

① "资"指资本主义，"社"指社会主义。

国，利用外资逐步扩大，外商直接投资的企业越来越多，逐渐成为中国经济的重要组成部分。

公有制的改革。中国经济改革是从农村实行家庭联产承包责任制开始的，尽管没有改变土地的集体所有制性质，但实现了所有权和经营权的分离，从而调动了农民的生产积极性，有力地促进了农业生产的恢复和发展，为中国改革开放的成功打响了第一炮。

中国经济体制改革的第二条主线是经济运行机制的改革，主要包括价格改革、市场体系的建设和宏观调控机制的改革等。

价格改革。改革开放以来，中国价格改革常常走在各项改革的前列。自1985年起，中国价格改革就以放开价格为主，逐步放开产品价格，上百种票证相继被取消，到1998年终于形成了期盼已久的买方市场格局，商品市场呈现繁荣景象。到2008年，社会商品零售总额中，市场调节价格的比重均已达95%以上，说明绝大部分商品和服务价格已实现市场化。

加快建设现代市场体系。统一开放、竞争有序的市场体系，是使市场在资源配置中起决定性作用的基础。改革开放以来，中国市场体系的发育可分为四个阶段。第一阶段为1978年至1991年，在价格改革大步推进的带动下各类市场蓬勃发展。第二阶段为1992年至2001年，各类市场进一步发展，市场格局从卖方市场向买方市场转变。第三阶段为2002—2012年，加入世界贸易组织，构建了开放型现代市场体系。第四阶段始于2013年，提出市场在资源配置中起决定性作用，争取到2020年完善现代市场体系。

改革宏观调控机制，完善宏观调控体系。1978年底改革开放后，随着市场化的不断推进，微观经济主体有了活力，宏观经济管理必须跟上，才能使整体经济稳定健康运行。在实践中，改革开放以来的中国宏观经济调控是成功和有效的，主要标志是改革开放四十年来中国经济每年都在增长，1979年至2017年，GDP以年均9.5%的速率快速增长，而CPI年均上涨率不到5%。这表明中国经济的快速增长是在保持经济总体稳定的条件下取得的，在世界经济发展史上未曾有过。

中国经济体制改革的两条主线是互相促进、互相渗透的。所有制的调整和改革，使各种所有制经济各自发挥优势，取长补短，在市场上平等竞争，能够较好地实现资源的优化配置。与此同时，从广度和深度上推进市场化改革，能激发各种所有制经济的活力竞相发展。

（作者：张卓元，选自《中国社会科学报》，有部分删改。）

三、生词

1.	历程	名	lì chéng	经历的过程。
2.	沿着	介	yán zhe	顺着（江河、道路、物体的边等）。
3.	主线	名	zhǔ xiàn	指贯穿事物发展过程的主要线索。
4.	主管	动	zhǔ guǎn	负主要责任管理（某一方面）。
5.	批准	动	pī zhǔn	上级对下级的意见、建议或请求表示同意。

6.	户口	名	hù kǒu	作为本地区居民的身份。
7.	闲散	形	xián sǎn	闲着不使用的(指人员或物资)。
8.	修理	动	xiū lǐ	使坏的东西恢复原来的形状或作用。
9.	雇工	动	gù gōng	雇用人做工。
10.	接踵而来	成	jiē zhǒng ér lái	指人们前脚跟着后脚，接连不断地来。
11.	实践	动	shí jiàn	实行(自己的主张)。
12.	明确	形	míng què	明白而确定不变。
13.	宪法	名	xiàn fǎ	国家的根本法，具有最高的法律效力。
14.	修正案	名	xiū zhèng àn	在现有法律基础上，对条款进行添加、删除和修改。
15.	权利	名	quán lì	公民或法人依法行使的权力和享受的利益。
16.	监督	动	jiān dū	仔细地看着别人的行动，使其按照要求来做，以达到预定的目标。
17.	注册	动	zhù cè	向有关机关、团体或学校登记备案。
18.	名正言顺	成	míng zhèng yán shùn	做事理由正当而充分。
19.	分离	动	fēn lí	使原来在一起的人或事物分开。
20.	调动	动	diào dòng	使人积极行动起来。
21.	前列	名	qián liè	最前面的一列，比喻带头或领先的地位。
22.	票证	名	piào zhèng	由有关部门发的购买物品的凭证。
23.	相继	副	xiāng jì	一个跟着一个。
24.	期盼已久		qī pàn yǐ jiǔ	期待了很长时间。
25.	格局	名	gé jú	结构和格式。
26.	繁荣	形	fán róng	(经济或事业)发展得特别好。
27.	零售	动	líng shòu	把商品或服务直接销售给个人消费者。
28.	有序	形	yǒu xù	按顺序进行的。
29.	发育	动	fā yù	生长。本文指发展成长。
30.	蓬勃	形	péng bó	形容事物发展得特别好，或生命力强。
31.	有效	形	yǒu xiào	有效果，能实现预期目的。
32.	渗透	动	shèn tòu	一种事物或势力逐渐进入到其他方面(多用于抽象事物)。
33.	取长补短	成	qǔ cháng bǔ duǎn	吸取别人的长处，使自己的短处得到补充。
34.	广度	名	guǎng dù	向周围伸展的程度(用于抽象事物)。
35.	深度	名	shēn dù	事物向更高阶段发展的程度。
36.	激发	动	jī fā	刺激使振作起来。
37.	竞相	副	jìng xiāng	互相争着(做)。

专有名词：

1.	家庭联产承包责任制	jiā tíng lián chǎn chéng bāo zé rèn zhì	二十世纪八十年代初期在中国大陆的农村推行的一项重要的改革。农民以家庭为单位，向集体承包土地等生产资料进行农业生产的形式。(Household Contract Responsibility System)
2.	集体所有制	jí tǐ suǒ yǒu zhì	生产资料归劳动者集体共同占有的一种公有制形式。(Collective Ownership)
3.	所有权	suǒ yǒu quán	所有人依法对自己财产所享有的占有、使用、收益和处分的权利。(Proprietary Rights)
4.	经营权	jīng yíng quán	人们利用物资，从事经营活动的权利。(Management Right)
5.	生产积极性	shēng chǎn jī jí xìng	一种把人们投入生产劳动的热情、人们生产劳动的努力程度与人们感受到的快乐或痛苦数量之间建立联系的机制。(Enthusiasm for Production)
6.	买方市场	mǎi fāng shì chǎng	市场上商品供大于求，买方处于有利地位并对价格起主导作用的现象。(Buyer's Market)
7.	卖方市场	mài fāng shì chǎng	市场上商品供不应求，卖方处于有利地位并对价格起主导作用的现象。(Seller's Market)
8.	微观经济	wēi guān jīng jì	个量经济活动，即单个经济单位的经济活动。(Micro Economy)
9.	宏观经济	hóng guān jīng jì	总量经济活动，即国民经济的总体活动。(Macro Economy)
10.	CPI		消费者物价指数，是反映与居民生活有关的产品及劳务价格统计出来的物价变动指标。(Consumer Price Index)

四、综合注释

1. 尽管有种种限制，但它却为城市个体经济的发展开了绿灯。

此处“尽管”是连词，表示承认某种事实，下文往往有“但(是)、然而、还是”等表示转折。值得注意的是，“尽管”还可作副词，表示不必考虑别的，放心去做，与“只管”意义相近。

“种种”表示各种各样。与此类似的还有“个个”“件件”“人人”等，表示“每一×”。

“为……开绿灯”表示准许做某事。与此类似的还有“亮红灯”表示出现了问题，停止做。

①尽管他不同意我的看法，但我还是要提意见。

②你想吃什么尽管说，我来给你做。

③我们班的学生个个都是运动健将。

④他们的婚姻很早就亮红灯了，昨天他们离婚了。

☞ **练一练：选择合适的词语填空。**

(1)这个方案__________不是最好的，但已经很不错了。(尽管、只管)

(2)你__________报警，警察来了我也不怕。(不管、只管)

(3)__________你怎么做，他都不会满意。(尽管、不管)

(4)如果你有问题，请__________提出来，我们一定会尽可解决。(尽管、不管)

☞ **练一练：解释划线词语的意思。**

(1)这个池塘里的鱼，<u>条条</u>都在10斤以上。

____

(2)他从口袋里拿出一沓钱，<u>张张</u>都是100元面值。

____

(3)这个学生太不自律了，<u>次次</u>都迟到。

____

☞ **练一练：用所给词语改写句子。**

(1)无论是资金方面，还是政策方面，集团都会全力支持这个项目。(开绿灯)

____

(2)这两家公司的合作出了问题，以后不会再合作了。(亮红灯)

____

(3)这种违反规则的事情，大家最好不要做。(闯红灯)

____

2. 为中国改革开放的成功打响了第一炮。

"打响第一炮"指工作、事业一开始就取得好的成绩。与此类似的还有"开门红""迎头彩"等。

①这次任务的出色完成为他的职场生涯打响了第一炮。

②这支球队在今年赛季的第一次比赛就迎来了开门红。

☞ **练一练：用所给词语改写句子。**

(1)饭馆开业第一天营业额突破十万。(开门红)

____

(2)这家高铁站的率先落成为高铁全线的开通带来了好消息。(打响第一炮)

____

(3)城市的封锁为阻断传染病传播起到了积极作用。(打响第一炮)

____

(4)春节过后，公司业绩突飞猛进。(迎来头彩)

____

3. GDP 以年均 9.5%的速率快速增长，而 CPI 年均上涨率不到 5%。

“以……速率(速度)增长”是经济学上常用句式表达，与此类似的表达还有“增速为……”。

①2019 年，中国人口以 0.36%的增长率增长。

②2020 年第二季度，中国光谷的经济增长速度为 13.5%。

☞ **练一练：计算出正确答案。**

小张和小王在一个周长为 400 米的操场跑步，两个人同时同向跑步，小张以 1.5m/s 的速度跑步，小王的跑步速度为 2m/s，请问他们跑多长时间会第一次相遇？

____

4. 从广度和深度上推进市场化改革，能激发各种所有制经济的活力竞相发展。

“从广度和深度上”一般是指从范围和质量两方面来对某事物进行分析。

①从广度和深度上讲，这门课都是不可多得的精品课。

②一个人的知识量可以从广度和深度上来考查。

☞ **练一练：选择合适的词语填空。**

(1)从____________上讲，改革开放涉及了绝大多数的行业。(深度、程度、广度)

(2)从____________上讲，他对这门课程的了解还不够。(深度、程度、广度)

(3)从某种____________上讲，大学是学生的第二家庭。(深度、程度、广度)

五、综合练习

1. 选择恰当的词语填空。

变革　　改革　　改变

(1)对教育制度进行适当的____________，将会释放出更大的创新力。

(2)一个国家社会制度的彻底____________往往伴随着战争的爆发。

(3)若想____________未来，现在就不能浪费时间，必须加倍努力。

历程　　进程　　过程

(4)请你讲一下你们打架的____________。

(5)大家请看我们公司的发展____________。

(6)这场战争加速了这个国家的统一____________。

相继　　竞相　　竞争

(7)公平的____________可以促进技术的创新和发展。

(8)在这次会议上，各方代表____________进行了发言。

(9)春天到了，公园里的花____________开放。

有效　　有序　　有名

(10)请大家排好队，____________购票。

(11)他是一位____________的诗人。

(12)实践证明，这项措施对阻断传染病传播是__________的。

名正言顺　　取长补短　　接踵而来

(13)天刚放晴，冷空气就__________。

(14)改革开放后，个人可以__________地做生意了。

(15)这两家公司互相学习，__________，共同发展。

2. 用所给词语完成句子。

(1)新年一过，他就迎来了____________________。(期盼已久)

(2)________________，才能为员工带来了实实在在的好处。(蓬勃发展)

(3)疫情过后，世界经济将会____________________。(繁荣景象)

(4)如果你想在公司里得到领导的肯定，________________。(发挥优势)

(5)提高员工的工资待遇是____________________。(激发活力)

3. 用所给词语改写句子。

(1)中国光谷是按照绿色和高质量两条道路来发展的。(沿着……主线)

______________________________。

(2)这家公司的营业额一直在业内名列前茅。(走在……前列)

______________________________。

(3)若要公司有长远的发展，必须想办法让员工具有高涨的工作热情。(调动……积极性)

______________________________。

(4)作为行业老大，这家公司在20年前就已经是一家独大了。(形成……格局)

______________________________。

(5)从计划经济到市场经济，中国用了几十年才完成。(从……向……转变)

______________________________。

4. 排列顺序，组成语段。

(1)a. 个体经济逐渐有了活力

b. 才能使整个经济稳定健康运行

c. 随着市场化的不断推进

d. 在此形势下，政府管理就必须跟得上

e. 改革开放以后　　　　(　　)

(2)a. 自那以后

b. 利用外资逐步扩大

c. 并逐渐成为中国市场主体的重要组成部分

d. 外商直接投资企业也越来越多

e. 从经济特区到全国　　　　(　　)

5. 调研写作。

深圳作为中国最早实行对外开放的四个经济特区之一，发展迅速，已成为中国的一线城市。请查找相关资料，梳理一下深圳的发展历程。

六、拓展阅读

中国经济如何转向高质量发展

改革开放以来，中国经济保持了多年的高速增长，其间经过了多次短周期调整。从2008年开始，中国经济出现了新一轮下行，很大程度上是因为经济运行中积累的深层次矛盾及问题。从某种意义上讲，中国经济持续了30余年高速增长后步入中长缓慢下行通道，符合经济运行规律。

改革开放以来的较长时间内，中国经济基本上持续维持了高增长，某几年经济增速回落，会通过短周期调整再拉回上升通道。从2008年到2018年实施的4万亿元刺激经济增长计划都没有使经济增速重回上升通道，这意味着中长缓慢下行通道得到了确认。在经济中长期缓慢下行中，加快经济转型进程、加大经济结构调整力度及推动中国经济转向高质量发展将成为全社会的共识。

中长期缓慢下行倒逼中国经济加快经济转型，推动中国经济实现高质量发展。但是经济转型面临着若干难点问题。

首先，资源要素改革尤其是所有权改革显得更为迫切。土地价格、资源能源、物流等资源要素价格持续上涨且居高不下，已严重制约了全要素生产率的提高及实体经济发展。为了理顺资源要素价格，必须要考虑如何启动并推进资源要素的产权尤其所有权改革。

其次，加大知识产权保护并与国际惯例接轨已成必然选择。发达国家的科技创新能力与其严格的知识产权保护分不开。中国在推动经济转型中，要借鉴发达国家知识产权保护的经验。通过知识产权的严格保护可以将创造成果产权化，减少重复创新甚至是侵权行为的发生，提高科技创新的效率和效果，为科技创新发展提供保障，增强科技创新的积极性。

再次，经济转型依赖企业的成长力及创新力，政府应更大力度通过减税降费为企业减负，激发市场活力。减税降费的顺利实施，要以如何减少政府支出为突破口，让企业实实在在感受到税费成本的降低。

最后，降低关税甚至分步实现零关税更有利于出口与进口增长。从出口角度讲，出口关税的降低甚至是零关税的实现，使出口至其他国家的产品价格相对于市场价格有所降低，其在国际市场上的需求大幅增加，能够在一定程度上扩大国内产品的国际市场份额，增加出口额。从进口角度讲，进口关税的降低甚至是零关税的实现，使国外产品进入中国的门槛降低，吸引大量国际产品尤其是高质量产品以相对低的价格在国内市场上进行交易，进一步降低了国内企业的生产成本，使国际贸易额大幅增加。

（作者：文宗瑜，选自《中国财经报》，有部分删改。）

根据以上短文回答问题。

1. 中国经济中长缓慢下行符合经济发展规律吗？为什么？

____

____

2. 中国为什么要加大知识产权保护？

____

____

第十三课　中国的农村改革

一、知识导读

三农问题(sān nóng wèn tí)：中国的农业生产问题、农村落后问题、农民权利保障与农民收入增长问题的总称。

精准扶贫(jīng zhǔn fú pín)：针对不同贫困区域环境、不同贫困农户状况，运用科学有效程序对扶贫对象实施精确识别、精确帮扶、精确管理的治贫方式。

二、课文

从小岗村①的变化看中国农村改革

四十年前的冬天，三十五岁的严金昌和小岗村其他十七位农民在契约上按下红手印②，冒死实行土地大包干。他们没想到，这会成为中国农村改革的一声惊雷。位于安徽省凤阳县小溪河镇的小岗村，历史上非旱即涝。四十年来，小岗村见证了中国农村改革的一次又一次跨越，成为改革开放历程上的一个重要标志。

改革的一声惊雷

1978 年前的小岗村，每年秋收后几乎家家都要外出“要饭”。那时的小岗村有二十户人家，只有三百亩土地适合种庄稼，年人均口粮只有二百多斤。严金昌说：“过去‘大锅饭’干多干少一个样，时间长了就没人愿意干了，没有生产积极性。”

1978 年，小岗村十八位农民在契约上按下了红手印，契约上写着：“我们分田到户，每户户主签字盖章，如以后能干，每户保证完成每户的全年上缴公粮，不再向国家伸手要钱要粮。如不成，我们干部坐牢杀头也甘心，大家也保证把我们的小孩养活到十八岁。”

就在签订契约的当晚，他们连夜将生产队的土地、耕牛、农具等分到各家各户，搞起了“大包干”。“通过分田到户，农村土地所有权归集体，经营权归农户，充分调动了农民的生产积极性。”严金昌说。据介绍，1979 年的粮食总产量就到了十三万多斤，是过去的

---

① 小岗村隶属于安徽省滁州市凤阳县小溪河镇，是中国农村改革发源地。

② 由于以前没有笔迹鉴定技术，所以在契约上按下红手印是为了方便做手(掌)印比对，以此来鉴定真假。

五倍，干一年够吃五年。那一年小岗村人均收入由二十二元增至三百五十元，归还贷款八百元，是历史上第一次归还国家贷款。

农村改革浪潮席卷全国

实际上，“大包干”并非“按个手印”这么简单。“大包干能够成功，多亏党和政府开了绿灯。”严金昌说。1980 年 1 月，时任中共安徽省委第一书记的万里来到小岗村，看到家家户户堆放着满满当当的粮食，一度不敢相信。看到“大包干”带来的巨大变化，万里给予“大包干”肯定与支持。

到了 1984 年，“大包干”正式定名为“家庭联产承包责任制”，在全国普及推行，让广大农村的面貌焕然一新。在农村改革成功的基础上，以城市为重点的全面经济体制改革也逐步展开。

从“温饱”到“富裕”

这个“中国改革第一村”后来又遇到了新的困惑，率先解决了温饱的小岗村村民们却迟迟无法致富。新华社曾经这样报道小岗村：2003 年全村人均收入只有两千元，低于全县平均水平，村集体欠债三万元，人心涣散。这与“中国改革第一村”的名气相比十分不相称。

2004 年，小岗村开始了第二次“革命”。小岗村制定的发展战略包括发展现代农业、发展旅游业和招商引资办工业。其中，最引人瞩目的是土地流转。将土地集中起来，从“化整为零”到“化零为整”，从“分田到户”转到“分红到人”，小岗村通过发展现代农业，壮大集体经济，村民也致富了。2017 年，小岗村集体收入和村民人均可支配收入分别达到八百二十万元和一万八千元，分别增长 20.5%和 12%。

农民变股东分红

2016 年，小岗村在安徽省率先成立集体资产股份合作社，村民从“户户包田”实现了对村集体资产的“人人持股”。去年小岗村分红，村民每人领到三百五十元。巧合的是，当年实行“大包干”的第二年，小岗村村民人均收入也是三百五十元。小岗村党委第一书记李锦柱说：“从当年的三百五十元，到今年的三百五十元，的确是一个巧合，巧合背后是持续推进、不断深化的农村改革。”

“未来，小岗村还要继续深化改革，将改革进行到底。大改革大发展，小改革小发展，不改革难发展。所以改革开放四十年后，我们还要继续加油干，幸福是奋斗出来的。”严金昌说。

（作者：徐豪，选自《中国报道》，有部分删改。）

三、生词

1. 契约　名　qì yuē　证明买卖、抵押、租赁等关系的文件。
2. 冒死　副　mào sǐ　不顾自己的生命危险(做某事)。

3.	惊雷	名	jīng léi	使人震惊的雷声，多用于比喻。
4	旱	形	hàn	长时间没有降水或降水太少(跟“涝”相对)。
5.	涝	形	lào	因雨水过多而被淹(跟“旱”相对)。
6.	跨越	动	kuà yuè	越过地区或时期的界限。
7.	要饭	动	yào fàn	请求别人给饭食或财物。
8.	庄稼	名	zhuāng jia	田地里生长着的可作粮食的植物。
9.	口粮	名	kǒu liáng	每个人日常生活所需要的粮食。
10.	公粮	名	gōng liáng	农业生产者或农业生产单位每年需要给国家的粮食。
11.	坐牢	动	zuò láo	关在监狱里。
12.	甘心	动	gān xīn	从内心深处愿意。
13.	养活	动	yǎng huo	提供生活资料或生活费用。
14.	浪潮	名	làng cháo	比喻大规模的社会运动或的群众性行动。
15.	席卷	动	xí juǎn	像卷起席子一样把东西全部卷进去，包括全部东西。
16.	多亏	动	duō kuī	由于别人的帮助而避免了不好的事情发生。
17.	书记	名	shū ji	党、团等各级组织的主要负责人。
18.	满满当当	形	mǎn mǎn dāng dāng	形容很满的样子。
19.	一度	副	yī dù	表示过去有段时间发生过。
20.	给予	动	jǐ yǔ	给(gěi)。
21.	面貌	名	miàn mào	比喻事物所呈现的景象、状态。
22.	焕然一新	成	huàn rán yī xīn	形容出现了新的面貌。
23.	温饱	名	wēn bǎo	吃得饱、穿得暖的生活。
24.	困惑	形	kùn huò	有疑问，不好判断，不知道该怎么办。
25.	率先	副	shuài xiān	首先行动起来带动别人。
26.	致富	动	zhì fù	实现富裕。
27.	欠债	动	qiàn zhài	借别人的钱没有还。
28.	人心涣散	成	rén xīn huàn sàn	形容人心不齐，意见不一样。
29.	相称	形	xiāng chèn	事物配合起来显得合适。
30.	引人瞩目	成	yǐn rén zhǔ mù	引起别人注意自己。
31.	化整为零	成	huà zhěng wéi líng	把一个整体分成许多零散部分。
32.	化零为整	成	huà líng wéi zhěng	把零散的部分集中为一个整体。
33.	分红	动	fēn hóng	企业或股份公司分配利润。
34.	股东	名	gǔ dōng	购买公司股票或持有公司股份的人。
35.	持股	动	chí gǔ	持有股票或股份。
36.	巧合	形	qiǎo hé	(事情)正好相同。

专有名词：

1.	大包干	dà bāo gān	家庭联产承包责任制的主要形式。农民以家庭为单位，向集体承包土地等生产资料进行农业生产，除交国家和集体应得的各项费款外，其余产品或收入归自己所有。(All-round Responsibility System)
2.	大锅饭	dà guō fàn	不管劳动态度好坏、劳动质量优劣、对社会贡献大小都享受同样待遇、拿同样报酬的情况。(Big-pot Distribution System)
3.	招商引资	zhāo shāng yǐn zī	政府利用可支配的资源进行政策引导、宣传，开展基础设施建设，创造好的投资环境，吸引投资者到本地区进行生产经营活动。(Invite Business and Attract Investment)
4	土地流转	tǔ dì liú zhuǎn	拥有土地承包经营权的农户将土地经营权转让给其他农户或经济组织。(Transfer of Land Rights)
5.	集体经济	jí tǐ jīng jì	以生产资料集体所有制和共同劳动为基础的经济形式。(Collective Economy)
6.	人均可支配收入	rén jūn kě zhī pèi shōu rù	居民可用于最终消费支出和储蓄的总和，即居民可用于自由支配的收入。(Personal Disposable Income)
7.	合作社	hé zuò shè	劳动者在互助基础上，自筹资金，共同经营、共同劳动并分享收益的经济组织。(Cooperative)

四、综合注释

1. 位于安徽省凤阳县小溪河镇的小岗村，历史上非旱即涝。

“非A即B”指不是A就是B，A或B之间选择一个。还有“非此即彼”“非富即贵”“非亲即友”“非死即伤”等。

中国的行政区域基本上划分为三级，即省(自治区、直辖市)，县(自治县、市)，乡(民族乡、镇)。村是乡以下的村级行政区划单位，是基层群众性自治单位。

①你必须在这两个答案中选择一个，非此即彼。

②从这么高的地方跳下去，非死即伤。

③他的老家在河南省安阳市五龙镇城峪村。

☞ **练一练：用“非A即B”改写句子。**

(1)最近气温降低，明天不是下雨就是下雪。

____

(2) 这次比赛第一名就在我和他之间，不是我就是他。

____

(3) 你看，他们俩手拉着手走路，他们应该不是亲人就是朋友。

____

☞ **填空：写出以下省份的省会城市。**

湖北省(　　　)　云南省(　　　)　河北省(　　　)
河南省(　　　)　广东省(　　　)　山东省(　　　)
贵州省(　　　)　福建省(　　　)　辽宁省(　　　)
四川省(　　　)　江西省(　　　)　黑龙江省(　　　)

2. 大包干能够成功，多亏党和政府开了绿灯。

"多亏"，动词，指由于别人的帮助而避免了不好的事情发生，有感谢的意思。词义相近的词还有"幸亏""幸好""好在"。

注意："幸亏"和"幸好"用法一样，均为副词，指由于某种有利条件而幸运地避免了不良后果，一般用在主语之前。"好在"也是副词，所表示的某种有利条件是本来就存在的。

①这次多亏了你，要不然我们就回不来了。
②幸亏我们带了雨衣，不然要被雨淋了。
③我周末经常要去加班，好在公司离家不远。

☞ **练一练：选择合适的词语填空。**

(1) ____________天没下雨，不然晒的衣服就全湿了。(多亏、幸亏)
(2) 这次来中国____________了你的照顾，我们才玩得这么开心。(多亏、幸亏)
(3) ____________发现得及时，否则就没办法抢救了。(多亏、幸好)
(4) 这件事以后再说吧，____________我们是经常见面的。(幸好、好在)
(5) 这次爬的山太高了，非常累，____________背包不重。(多亏、好在)

3. 看到家家户户堆放着满满当当的粮食，一度不敢相信。

"AABB"式词语作名词时，表示每一个，如"家家户户""祖祖辈辈""子子孙孙""生生世世""方方面面"等；作形容词时，表示程度深，如"满满当当""明明白白""马马虎虎""干干净净""平平安安"等。

①要办好一件事，需要考虑到方方面面的问题。
②你的报告很精彩，把问题讲得明明白白。

☞ **练一练：用"AABB"式词语改写句子。**

(1) 我父亲是一个很普通的农民，常年与庄稼为伴。

____

(2) 图书馆里人虽然很多，但却很安静。

____

(3)在离别的日子里，他每一个日夜都在思念着亲人。

____

4. 将土地集中起来，从“化整为零”到“化零为整”。

“化 A 为 B”式词语指使 A 变化为 B，如：“化险为夷”(使危险的情况或处境变为平安)、“化干戈为玉帛”(使战争变成和平)、“化腐朽为神奇”(变坏为好，变无用为有用)等。

①如果你能化敌为友，我们将不战而胜。

②事情发生以后，他化悲痛为力量，继续前进。

☞ **练一练：用“化 A 为 B”式词语改写句子。**

(1)出门旅行，遇到危险要沉着冷静，这样才有机会避免悲剧发生。

____

(2)这次谈判使战争双方握手言和了。

____

(3)一堆垃圾在艺术家的手里竟然变成了一件件艺术品。

____

5. 巧合的是，当年实行“大包干”的第二年，小岗村村民人均收入也是三百五十元。

“巧合的是”一般放在句首，表示两件或多件事正好相同或一致。

①巧合的是，我去找他时，他也正好要来找我。

②巧合的是，他们两个人名字相同，出生年月也相同。

☞ **练一练：完成句子。**

(1)巧合的是，我刚回到家，__________________________。

(2)巧合的是，他正准备去厨房做饭，____________________。

(3)巧合的是，在分宿舍时，我们俩______________________。

五、综合练习

1. 选择恰当的词语填空。

契约　　约定　　合同

(1)我和公司的劳务__________到期后将自动解约。

(2)这个周末我们__________去森林公园野餐。

(3)企业之间需要有__________精神。

粮食　　口粮　　公粮

(4)这袋面是一家人一个月的__________。

(5)以前，农民需要定期上缴__________。

(6)开展光盘行动，杜绝浪费__________。

甘心　　愿意　　安心

(7)这件事你别管了，＿＿＿＿＿＿地做你自己的事情吧。
(8)他之所以这么努力地工作，是因为自己不＿＿＿＿＿＿只做一名公司小职员。
(9)我非常＿＿＿＿＿＿跟大家一起参加这项活动。

一度　　一向　　一直

(10)刚才他＿＿＿＿＿＿在玩手机，根本没有听你说话。
(11)大雨下了十多天，河水＿＿＿＿＿＿超过了最高水位，当时情况非常紧急。
(12)平时＿＿＿＿＿＿准时到校的他今天居然迟到了。

焕然一新　　人心涣散　　引人瞩目

(13)改革开放四十年，中国取得了＿＿＿＿＿＿的成就
(14)公司面临破产，＿＿＿＿＿＿，很多人已经不来上班了。
(15)新年快到了，家人把房间打扮得＿＿＿＿＿＿。

2. 用所给词语完成句子。

(1)刚刚入冬，＿＿＿＿＿＿＿＿＿＿＿＿＿＿＿＿。(席卷全国)
(2)他总是干一些傻事，＿＿＿＿＿＿＿＿＿＿＿＿＿＿。(十分相称)
(3)这项技术发明后，迅速＿＿＿＿＿＿＿＿＿＿＿＿＿。(普及推广)
(4)这个违规的项目之所以能开工，＿＿＿＿＿＿＿＿＿＿。(开了绿灯)
(5)为了发展当地经济，银行＿＿＿＿＿＿＿＿＿＿＿＿。(给予支持)

3. 用所给词语改写句子。

(1)经济改革不能半途而废，应该一往无前。(将……进行到底)
＿＿＿＿＿＿＿＿＿＿＿＿＿＿＿＿＿＿。
(2)排球夺冠后，带动更多小孩参与到了排球运动中。(调动……积极性)
＿＿＿＿＿＿＿＿＿＿＿＿＿＿＿＿＿＿。
(3)以前我从来不敢想自己可以来中国学习汉语。(一度不敢)
＿＿＿＿＿＿＿＿＿＿＿＿＿＿＿＿＿＿。
(4)暑假过后，宿舍进行了重新装修，变得更舒适整洁了。(面貌焕然一新)
＿＿＿＿＿＿＿＿＿＿＿＿＿＿＿＿＿＿。
(5)成功者善于将时间分割成不同的时段来完成不同的事情。(化整为零)
＿＿＿＿＿＿＿＿＿＿＿＿＿＿＿＿＿＿。

4. 排列顺序，组成语段。

(1)a. 但只有300亩土地适合种庄稼
b. 那时村里有20户人家
c. 根本不够吃
d. 年人均口粮为200多斤
e. 以前的小岗村是远近出名“三靠村”　　(　　)

(2) a. 最初签字实行“大包干”的十八位农民是这样想的
b. 如果不能干
c. 坐牢杀头也甘心
d. 每户保证完成每户的全年上缴和公粮
e. 如果以后能干 (　　)

5. 调研写作。

中国城镇化进程是世界上规模最大、速度最快的，农村人口不断向城镇转移，给城市注入了大量劳动力。但对城市和农村来说，也带来了一些问题。请查找相关资料，结合城镇化中的人口转移所带来的问题写一份报告。

____

____

____

____

____

____

____

____

六、拓展阅读

“中国式减贫”照亮全球脱贫之路

消除贫困是人类发展的共同目标，也是全球发展面临的共同挑战。在各国努力下，1990年至2015年间，超过10亿人摆脱了极端贫困，然而自2013年起，全球减贫速度有所放缓。2015年至2017年间，全球贫困人口每年减少不到半个百分点，如果没有实质性的政策行动，国际社会可能无法顺利实现2030年3%的减贫目标。

当前全球减贫的地区性不平衡问题依然突出。在世界上大约一半的国家，只有不到3%的人口每天生活费不足1.90美元，但这并不意味着这些国家消除贫困的斗争已经结束。

通过发展经济、扩大就业带动贫困人口脱贫是世界各国减贫成功的主要经验之一。世界绝对贫困发生率大幅下降的主要原因是由于亚洲，特别是中国经济的显著增长，推动大规模人口脱贫，其减贫经验被来自柬埔寨、印度尼西亚、马来西亚等发展中国家的经验反复印证。此外，由于世界80%的贫困人口生活在农村地区，通过兴修水利、提高农业生产要素投入改善农村人口的收入水平，也是中低收入发展中国家推动贫困人口脱贫的主要方法。

经过这些年的精准扶贫、精准脱贫，中国减贫事业的成就举世瞩目。2020年是中国决战决胜脱贫攻坚的收官之年，如期完成现行标准下农村贫困人口实现脱贫、解决区域性整体贫困的目标任务，将成为人类发展史上的伟大传奇。

中国式减贫可分为两个阶段。在第一阶段，改革开放政策为中国经济畅通内外循环奠定了基础。出口、投资以及内需共同拉动经济增长，为减贫提供了良好的客观环境。大规模工业化不断创造出新的经济增长点，带动劳动密集型产业发展，通过大规模就业实现普遍式脱贫。第二阶段减贫的核心是由政府主导的精准扶贫。2013 年中国政府启动了精准脱贫攻坚战。精准脱贫将保护式和开发式扶贫进行了有机对接，将中国的经济社会发展与减贫在制度层面进行了整合，构成了中国扶贫的新实践体系。

当前全球贫困率比有史以来任何时候都要低，是这个时代人类最伟大的成就之一。但是，如果想在 2030 年实现国际社会减贫目标，各个国家都应共同采取措施防止返贫现象的发生。国际社会需要投入更多的投资，特别是在人力资本建设方面，以帮助促进包容性增长，从而惠及更多的剩余贫困人口。

（作者：孙靓莹，选自《中国城乡金融报》，有部分删改。）

根据以上短文回答问题。

1. 世界各国减贫的主要经验有哪些？在哪些国家被印证了？

____

____

2. 中国为消除贫困采取了哪些措施？

____

____

第十四课　中国的国有企业改革

一、知识导读

国有企业(guó yǒu qǐ yè)：国家对其资本拥有所有权或者控制权的企业，企业全部资产归国家所有。

供给侧结构改革(gòng jǐ cè jié gòu gǎi gé)：从供给、生产端入手，通过调整经济结构，使生产要素实现最优配置，促进经济高质量发展。

二、课文

中国国有企业改革的经验

中国国有企业改革并不是盲目照搬其他国家的经验模式，而是采取循序渐进、以点带面、上下配合、先易后难的方式，在探索中推进改革，在改革中谋求发展。及时总结中国国有企业改革与发展的经验，将为深化国有企业改革提供新的思路和启发，为全球企业发展贡献"中国智慧"和"中国方案"。

产权改革是国有企业改革的核心内容

改革开放后，国有企业改革的每个环节都离不开产权问题。初期的"放权让利"没有真正改革国有企业的产权属性，从1998年开始推行的"抓大放小"将部分小型国有企业的产权转让给非公有制投资者，推动了国有企业的产权改革，而且让部分民营经济迅速发展壮大。十八届三中全会将混合所有制上升到基本经济制度的高度之后，产权改革的步伐不断加速。国有企业的产权主体逐步让出在竞争性领域的主导权，从控股地位转变为参股地位，通过产权主体的国有资本管理活动替代国有企业，充分利用民营资本的效率在竞争性领域参与经营活动，提升国有资本的收益率。

国有企业改革是一个循序渐进的过程

国有企业改革是一个由易入难的过程。改革开放前，主要围绕着管理权的范围展开，焦点集中在如何界定中央政府与地方政府对国有企业的管理权限上，这种改革并没有触动国有企业存在问题的本质矛盾，因此没有达到预期效果。改革开放后，国有企业采取循序渐进改革的思路，先易后难，先试点、后推广，再铺开，先调整体制内的资源和权力，再推动制度创新，遵循从量变到质变的规律，通过长期的改革逐步实现了国有企业改革的根本性转变。

国有企业分类改革要避免“一刀切”

初期的国有企业改革，虽然也有针对部分国有企业的试点改革，但总体上没有分类分层，而是按照统一的模式来推进的，因此整体效率提升不明显。从1997年到1999年，中国现代企业制度试点企业实行了不同形式的公司制。2015年后，国有企业被划分为公益类和商业类，而商业类又分为处于充分竞争的行业领域和其他行业领域。对主业处于充分竞争行业领域的国有企业，在股份制改革基础上积极发展混合所有制；对主业处于非竞争行业领域的国有企业，包括对主业关系到国家安全、国民经济命脉的商业类国有企业，要保持国有资本控股地位，支持非国有资本参股；对处于自然垄断行业要实行“特许经营+政府监管”模式，根据不同行业特点放开竞争性业务。对公益类国有企业，改革的目标是提供更高水平的民生保障、社会服务和运营效率，采取国有独资，但鼓励非国有企业通过“购买服务、特许经营、委托代理”等方式参与经营过程，并采用社会评价进行监督和约束。

国企改革要适应国家经济结构调整的战略要求

在计划经济时期，中国国有经济占90%以上的市场份额，遍及国民经济发展的所有领域。改革开放后，中国国有经济布局和结构按照建立完善社会主义市场经济体制的要求进行战略调整，形成比较合理的布局和结构，国有企业也相应地收缩战线，集中投向重要行业或领域，组建了跨地区、跨行业、跨所有制和跨国经营的大集团。十九大后，政府强调要实施创新驱动发展战略，国有企业改革的战略目标也开始转向创新驱动发展。近年来，大型国有企业充分发挥在资源和人才方面的优势，利用创新平台，激发中小企业的创新活力，推进产业新技术研发和应用，从而整体上提升了国家技术创新能力。除了技术创新外，国有企业也是“走出去”战略和“一带一路”倡议的先行者，一方面，通过向相对落后国家和地区转移技术，占领国际市场，推进国内供给侧结构改革和产业转型升级；另一方面，通过技术创新和国际并购，打入发达国家市场，学习和吸收国际先进技术与运作经验，带动国内产业创新和企业走出去。

（作者：黄茂兴、唐杰，选自《当代经济研究》，有部分删改。）

三、生词

1.	盲目	形	máng mù	认识不清；目标不明确。
2.	照搬	动	zhào bān	照原样采用(现成的方法、经验、教材等)。
3.	循序渐进	成	xún xù jiàn jìn	按照一定的步骤逐渐深入或提高(一般指学习或工作)。
4	以点带面	成	yǐ diǎn dài miàn	用一个单位或地方的成功经验来带动许多单位或地区的工作。
5.	谋求	动	móu qiú	想办法寻找追求。
6.	思路	名	sī lù	思考的线索。

7.	启发	动、名	qǐ fā	把事例讲明白，引起对方联想而有所领悟；所领悟到的东西。
8.	产权	名	chǎn quán	财产权的简称，以物质财富或精神财富为对象，直接与经济利益相联系的民事权利。
9.	属性	名	shǔ xìng	事物所具有的性质、特点。
10.	壮大	形	zhuàng dà	强大。
11.	步伐	名	bù fá	比喻事物进行的速度。
12.	主导权	名	zhǔ dǎo quán	能够影响他人的力量；拥有决定事情的权利。
13.	控股	动	kòng gǔ	掌握一定数量（半数以上或相对多数）的股份，而取得对公司生产经营活动的控制权。。
14.	参股	动	cān gǔ	加入股份。
15.	管理权	名	guǎn lǐ quán	拥有管理事务或组织的权利。
16.	焦点	名	jiāo diǎn	事情或道理引人注意的集中点。
17.	界定	动	jiè dìng	划定界限；确定所属范围。
18.	权限	名	quán xiàn	权力的范围。
19.	触动	动	chù dòng	使所得利益受损。
20.	试点	动	shì diǎn	正式进行某项工作之前，先做小型试验，以便取得经验。
21.	铺开	动	pū kāi	大规模地进行。
22.	量变	名	liàng biàn	事物在数量上、程度上的变化。（与“质变”相对）
23.	质变	名	zhì biàn	事物的根本性质的变化。（与“量变”相对）
24.	一刀切	动	yī dāo qiē	比喻不顾实际情况，用同一方式处理问题。
25.	主业	名	zhǔ yè	主要产业。
26.	命脉	名	mìng mài	生命和血脉，比喻关系重大的事物。
27.	民生	名	mín shēng	人民的日常生活事项。
28.	委托	动	wěi tuō	请人或机构等代办。
29.	遍及	动	biàn jí	普遍地达到。
30.	驱动	动	qū dòng	推动，使事物前进。
31.	研发	动	yán fā	研究制造、开发。
32.	先行者	名	xiān xíng zhě	首先带头鼓励大家使用或实行的人。
33.	并购	动	bìng gòu	用购买的方式把别人的产业变成自己的。

专有名词：

1.	放权让利	fàng quán ràng lì	中国改革开放初期，所推行的简政放权、减税让利的一系列改革举措。（Decentralization of Power and Transfer of Profit）

2.	抓大放小	zhuā dà fàng xiǎo	集中力量发展少数关键国有企业；放开一般性生产竞争领域里的国有企业，让它们在市场经济规律的作用下，实现优胜劣汰。(Invigorate large enterprises while relaxing control over small ones)
3.	十八届三中全会	shí bā jiè sān zhōng quán huì	中国共产党第十八届中央委员会第三次全体会议，于 2013 年 11 月 9 日至 12 日在北京召开。(The 3rd Plenary Session of the 18th Central Committee of the Communist Party of China)
4.	混合所有制	hùn hé suǒ yǒu zhì	由公有经济(国有经济和集体经济)与非公有制经济(民营经济和外资经济)共同组建而成的新型所有制的企业形式。(Mixed Sector of the Economy)
5.	收益率	shōu yì lǜ	净利润占使用的平均资本的百分比。(Earnings Rate)
6.	充分竞争	chōng fēn jìng zhēng	市场内所有的资源都已被调动，不存在个人或集体的垄断，市场价格维持在一个合理地位的竞争。(Sufficient Competition)
7.	特许经营	tè xǔ jīng yíng	以合同约定的形式，允许其他经营者有偿使用其名称、商标、专有技术、产品及运作管理经验等从事经营活动的商业经营模式。(Franchising)
8.	计划经济	jì huà jīng jì	对生产、资源分配以及产品消费事先进行计划的经济体制。(Planning Economy)
9.	十九大	shí jiǔ dà	中国共产党第十九次全国代表大会，于 2017 年 10 月 18 日至 24 日在北京召开。(The 19th National Congress of the Communist Party of China)

四、综合注释

1. 采取循序渐进、以点带面、上下配合、先易后难的方式。

国有企业改革是一个由易入难的过程。

“先 A 后 B”格式指 A 的顺序在 B 之前，如“先礼后兵”“先斩后奏”“先忧后乐”等。

“由(从)A 入(到)B”格式指从 A 阶段进入 B 阶段的过程，如“由浅入深”“由弱到强”“由小到大”等。

①这次警察的行动采用先礼后兵的方式进行。

②人要先忧后乐，年轻时吃点苦，等老了以后才能享乐。

③请学生按年级由低到高的顺序排队进入会场。

☞ **练一练：用“先A后B”或“由(从)A入(到)B”改写句子。**

(1)年轻人只有经受得住辛苦，才能尝到生活的甜头。

____

(2)今天我们先讲解简单的题目，再讲解难的题目。

____

(3)经过多年的发展，中国经济从贫弱走向了强大。

____

(4)她讲课总是从最浅显的道理讲起，然后慢慢转向深奥的理论。

____

2. 先试点、后推广，再铺开。

“先A、后B，再C”句式在表述系列动作的先后顺序时使用。与此相似的还有“首先A，然后B，最后C”(参见第六课综合注释)。

①起床后，先刷牙、后洗脸，再吃饭。

②写学位论文前，首先要确定研究对象，然后搜集相关资料，最后开始写作。

☞ **练一练：完成句子。**

(1)准备出游前，先____________，再____________，后____________。

(2)网上购物时，应该首先____________，然后____________，最后____________。

(3)包饺子时，先____________，再____________，后____________。

3. 国有企业分类改革要避免“一刀切”。

“一刀切”指一刀切下去，使所切物体的切面整齐一致，用来比喻不顾实际情况，用同一方式处理问题。与此类似的词语还有“一锅煮”“一窝端”“一边倒”“一把抓”等。

①针对不同的事情要采取不同的方法，不能总是一锅煮。

②在征求意见环节，出现了一边倒的局面。

☞ **练一练：解释句中划线词语。**

(1)警察这次行动将这伙坏人一窝端了。

____

(2)我来办这件事，剩下的事情一锅烩交给你了。

____

(3)你要调动组长的积极性，不能什么事情都由你一把抓。

____

4. 组建了跨地区、跨行业、跨所有制和跨国经营的大集团。

"跨"指越过界限，组词时常会用到。如"跨年""跨界""跨海"等。

①今年的跨年晚会将在长沙举行。

②这条跨海大桥今天建成通车了。

☞ **练一练：用所给词语改写句子。**

(1)她是一名著名歌手，同时还参演了很多部电影作品。(跨界)

____

(2)这家公司总部在中国上海，在其他国家也有分公司。(跨国)

____

(3)这个项目需要物理学专家和生物学专家共同参加。(跨学科)

____

5. 通过技术创新和国际并购，打入发达国家市场。

"打"的意思很多，此处的"打"指通过某种方法进入。与此类似的还有"打入……内部""打入商界"。

①作为我方卧底，他已经打入了敌人内部。

②经过十年努力，他成功打入商界。

☞ **练一练：用"打入……"完成句子。**

(1)他出身在下层社会，但经过多年努力，现在________________。

(2)这家公司总是拖欠工人工资，最近被工商局________________。

(3)这支球队连赢两场比赛，成功________________________。

五、综合练习

1. 选择恰当的词语填空。

焦点　　试点　　特点

(1)她的__________是太喜欢打扮自己了。

(2)这个方案要先在一些城市__________，积累经验。

(3)这次会议的__________是如何高质量地完成这次任务。

启发　　激发　　研发

(4)今年，我们公司__________出了新产品。

(5)苹果落地__________了牛顿，发现了万有引力。

(6)这件事__________了她学习汉语的热情。

驱动　　带动　　触动

(7)改革__________一些人的利益，这些人肯定会不配合。

(8)这些商人受到利益的__________，制造了很多假货。

(9)在领导的__________下，大家纷纷为灾区捐款。

界定　　坚定　　决定

(10)当今社会，好人与坏人的__________越来越难了。
(11)这么大的雨，下一步应该怎么办？我们还没有做__________。
(12)要做好这件事，必须有__________的信心。

循序渐进　　转型升级　　以点带面

(13)学习知识要__________，从易到难，一步一步来。
(14)积极推广成功经验，__________，让更多的人富裕起来。
(15)高能耗企业必须__________才有生存的空间。

2. 用所给词语完成句子。

(1)每个国家的国情都不一样，发展____________________。(盲目照搬)
(2)新产品做了很多广告，_________________________。(占领……市场)
(3)网络购物使______________________________。(发展壮大)
(4)经济危机使很多大公司发展困难，__________________。(收缩……战线)
(5)在竞争中，要______________________________。(发挥……优势)

3. 用所给词语改写句子。

(1)这家企业若要生存，必须加大改革力度。(推进……改革)

____

(2)这位老师教了一辈子的书，世界各地都有他的学生。(遍及……)

____

(3)今天会议讨论的议题是移动支付的安全问题。(围绕……展开)

____

(4)市场竞争要遵守规则，不能使用不正当手段。(采取……方式)

____

(5)这个问题的关键在于能否顺利获得贷款。(焦点集中在……)

____

4. 排列顺序，组成语段。

(1)a. 虽然也进行了试点改革
b. 而是按照“一刀切”的模式进行
c. 最初的国企改革
d. 但没有分类分层
e. 所以整体效果并不好　　　　　　(　　)

(2)a. 国有企业也相应地进行了调整
b. 组建了跨所有制的大集团
c. 国有经济布局进行了调整
d. 改革开放后
e. 形成了比较合理的布局　　　　　　(　　)

5. 调研写作。

国有企业在中国经济发展中扮演着重要的角色。请查找相关资料，结合课文内容，就中国或你的国家经济结构方面的改革写一份报告。

六、拓展阅读

“阵痛”之后的就业政策选择

在传统计划经济模式下，中国较高的劳动参与率其实来自较低的劳动生产率。因此，一旦后者因为制度环境的改变而被彻底整治，原先隐藏在国有企业中的大量多余的职位，就会不可避免地以“下岗”的方式显露出来。

作为改革成果之一，眼下中国的有效劳动需求量与名义就业人数之间的偏差，正在不断缩减中，新产生的失业也不再以国企减员增效为主因。但是这种“阵痛”的过去并不意味着失业问题的自然消失，其实，中国今后时期可能面临的最大挑战之一，恰恰在于如何不断增加就业数量，继续提高就业质量。

中国是世界上人口最多的国家，经济发展水平又相对不高，这两条基本国情决定了中国的就业压力将长期存在。因此，中国的政策必须尽早实现由“增长优先”向“就业优先”转变。不然，随着人口峰值的逼近，中国的就业压力只会越来越强而非越来越弱。

经济增长只是就业增长的必要条件，而非充分条件。20 世纪 80 年代，我国 GDP 年均增长率为 9.3%，就业增长率为 3.0%，属于“高增长、高就业”模式。但此后，虽然 GDP 增速持续攀高，但其对于就业拉动的效应却越来越小。到 2005 年，经济每增长一个百分点，带动的就业增加量只有 63 万人。

造成上述现象的原因是多方面的，有些原因不仅是内生的，而且本身就是发展所追求的目标，如产业结构转型升级。除此之外，剩余的那些原因其实需要重新加以重视。譬如说，20 世纪 90 年代以来，中国的新增就业岗位大量来自中小企业、民营经济以及其他非正规方式，但是这些恰恰是不被重视的领域；再譬如说，1997 年以来，由于缺乏弹性，国有单位职工平均工资增长率明显高于其他单位，这种工资水平不均等现象很容易导致市场就业的倾向。

中国政府自2003年起，开始把就业、再就业列为国民经济和社会发展宏观调控目标之一。而国际经验表明，一个国家对于多个战略目标优先排序的不同，完全可以导出截然不同的结果。因此，鉴于目前及今后时期严峻的就业形势，建议各级政府尽可能地将就业目标向前摆放，及时、有效地引导各类投资按就业吸收能力顺次投入。

【编者注】“下岗工人”，是改革开放中出现的一个新概念，指那些虽属于某企业单位，但因各种原因失去了工作机会，没有再找到其他工作的人。

（作者：葛丰，选自《中国经济周刊》，有部分删改。）

根据以上短文回答问题。

1. 中国的失业问题会自然消失吗？

____

____

2. 经济大幅增长一定能带来就业大幅增长吗？

____

____

第十五课　展望中国经济的未来

一、知识导读

全面深化改革(quán miàn shēn huà gǎi gé)：坚持社会主义市场经济改革方向，以促进社会公平正义、增进人民福祉目标，进一步解放思想、解放和发展社会生产力、解放和增强社会活力的改革。这项改革敢于突破改革中遇到的难点，强调经济、政治、文化、社会、生态文明和党的建设的全面发展。

经济国际化(jīng jì guó jì huà)：一个国家的经济发展超越国界，与其他国家经济的相互联系、相互渗透不断扩大和深入的经济发展过程，包括产业国际化、贸易国际化、资本国际化和人才国际化。

二、课文

新时代的中国经济展望

开放带来进步，封闭导致落后。中国改革开放四十年的实践，印证了市场的效率和开放的能量。进入新时代，中国扩大开放正在为自由贸易和多边合作提供有力支撑。站在新时代的历史节点上，中国积极推动全面深化改革与对外开放，拓展与世界经济实现更宽领域的合作，在保持稳中求进的基础上，不断创造新的经济奇迹，助力世界经济发展。

2018 年国庆节前夕，中国宣布将降低部分商品的最惠国税率。2018 年经过连续多次自主调整之后，中国的关税总水平较上年实现了 23%的平均降幅。一位知名经济学家曾指出，中国以实际行动向世人昭示，开放的大门会越开越大。过去中国靠改革开放创造了经济奇迹，今后还会沿着这条路走下去。

改革和开放犹如中国经济赖以腾飞的两翼，互为依托，彼此呼应。从取消部分药品进口关税，到放宽汽车等行业外资股份比例限制，再到允许外资控股合资券商——中国开放力度不断加大。从着力推动财税制度改革，到建立完善商事制度，再到降低市场准入门槛、破除行业垄断——中国改革渐趋深化。中国以积极开放的态度向世人昭示，中国非但不会走封闭僵化的老路，还会致力于消除贸易保护主义，维护自由贸易和多边合作机制，巩固合作共赢的国际共识。

改革开放以来，中国国内生产总值以不变价计算增长了三十多倍；经济总量从世界第十一位逐步攀升至世界第二。如今，中国是全球贸易大国、制造业大国、互联网大国、消费大国……这些骄人成就与中国主动融入世界紧密相关，同时又不断反哺世界经济。过去五年，中国对世界经济增长贡献率超过30%。未来十五年，中国预计将进口24万亿美元商品。

2018年以来，伴随中国资本市场开放提速，全球投资者大幅加仓A股和国内债券市场。《华尔街日报》认为，这反映了中国政府通过逐步开放国内市场吸引海外资本的决心，显示出外国投资者看好中国市场。未来十五年，中国对外投资总额将达到2万亿美元。诚如美国知名专家所言，世界经济只会从中国经济转型中获益，世界比以往任何时候都更需要一个成功的中国。

从倡议共建"一带一路"，到提出并推动构建亚太互联互通格局；从成立亚投行，到推进亚太自由贸易区建设，再到推动人民币国际化……通过这些扎实行动，中国方案不断落地生根，中国理念正在变成现实，并将变为联通世界的基础设施、合理可靠的金融秩序、公平高效的合作开发机制等世界经济所急需的全球公共产品。

针对中国发起的新型合作模式，德国知名专家指出，中国对非洲等地区的合作项目在促进当地工业化方面较西方方案有效得多，值得欧洲国家借鉴。目前，已有100多个国家和国际组织以不同形式参与"一带一路"建设。人们看到，中国日益成为新理念提出者、新模式探路者和全球公共产品提供者，助力提高生产要素跨境配置效率，促进世界经济高速发展。

（作者：傅云威、马湛，选自《中华工商时报》，有部分删改。）

三、生词

1.	支撑	动	zhī chēng	顶住物体使不倒下。
2.	节点	名	jié diǎn	整个事物中的某个关键点。
3.	拓展	动	tuò zhǎn	从小到大地发展、扩大。
4.	稳中求进		wěn zhōng qiú jìn	在稳定的前提下，再向前进步。
5.	关税	名	guān shuì	对进出口商品所征收的税。
6.	降幅	名	jiàng fú	(价格、利润、收入等)降低的数量。
7.	知名	形	zhī míng	著名；有名(多用于人)。
8.	世人	名	shì rén	世界上的人；一般的人。
9.	昭示	动	zhāo shì	明白地表示或宣布。
10.	犹如	动	yóu rú	好像；如同。
11.	腾飞	动	téng fēi	迅速发展起来。
12.	两翼	名	liǎng yì	两个翅膀。
13.	依托	动	yī tuō	靠别的人或事物来达到一定目的。
14.	呼应	动	hū yìng	互相联系或配合。
15.	放宽	动	fàng kuān	使要求、标准等由严变宽。
16.	券商	名	quàn shāng	经营证券交易的公司。

17.	力度	名	lì dù	力量的大小。
18.	着力	动	zhuó lì	用力。
19.	破除	动	pò chú	除去(原来被人尊重或信仰的事物)。
20.	渐趋	动	jiàn qū	慢慢地变化为。
21.	封闭	动	fēng bì	关住使不能通行或随便打开。
22.	僵化	动	jiāng huà	变得不灵活；停止发展
23.	消除	动	xiāo jiǎn	减退；减少。
24.	维护	动	wéi hù	保护，使免于遭到破坏。
25.	巩固	动	gǒng gù	使坚固。
26.	共赢	动	gòng yíng	各方共同得到利益。
27.	共识	名	gòng shí	共同的认识。
28.	攀升	动	pān shēng	(数量等)向上升。
29.	骄人	形	jiāo rén	值得骄傲。
30.	反哺	动	fǎn bǔ	比喻子女长大后在物质上帮助和生活上照顾父母。本文指中国经济为世界经济发展贡献力量。
31.	加仓	动	jiā cāng	继续买入所看好的股票的行为。
32.	决心	名	jué xīn	决定达到某种目的而产生的不会改变的心理状态。
33.	看好	动	kàn hǎo	认为(人或事物)将要出现好的情况。
34.	诚如	动	chéng rú	确实就像。
35.	获益	动	huò yì	得到利益。
36.	以往	名	yǐ wǎng	从前；以前。
37.	扎实	形	zhā shi	(工作、学问等)实在，不马虎。
38.	落地生根	成	luò dì shēng gēn	比喻长期安家落户、一心一意地做好所从事的工作。
39.	秩序	名	zhì xù	有条理、不混乱的情况。
40.	急需	动	jí xū	紧急需要。
41.	借鉴	动	jiè jiàn	跟别的人或事比较，从中学习或吸取经验教训。
42.	探路者	名	tàn lù zhě	最开始实地调查未知道路情况的人。

专有名词：

1.	新时代	xīn shí dài	中国特色社会主义新时代。(A New Era of Socialism with Chinese Characteristics)
2.	最惠国税率	zuì huì guó shuì lǜ	一个国家的来自其最惠国的进口产品享受的关税税率，不得高于来自第三国同类产品所享受的关税税率。(The Most-favoured-nation Rate of Duty)

3.	财税制度	cái shuì zhì dù	政府以税收作为主要财政来源以实现政府职能的相关制度。(Fiscal and Taxation System)
4.	商事制度	shāng shì zhì dù	规范市场主体和商事活动的法律规章和政策总和，是对市场主体准入、交易和退出等市场活动的制度和政策规定。(Commercial System)
5.	市场准入门槛	shì chǎng zhǔn rù mén kǎn	某项产品或服务进入一个市场所必须达到的最低标准。(Market Access Threshold)
6.	贸易保护主义	mào yì bǎo hù zhǔ yì	为了保护本国制造业免受国外竞争压力而对进口产品设定极高关税、限定进口配额或其他减少进口额的经济政策。(Trade Protectionism)
7.	以不变价计算	yǐ bù biàn jià jì suàn	计算各种总量指标所采用的扣除了价格变动因素的价格，主要用于进行不同时期总量指标的对比。(Calculate at Constant Price)
8.	A 股	A gǔ	人民币普通股票，由我国境内的公司发行，供境内机构、组织或个人(不含港、澳、台投资者)以人民币认购和交易的普通股股票。(A Shares)
9.	人民币国际化	rén mín bì guó jì huà	人民币能够跨越国界，在境外流通，成为国际上普遍认可的计价、结算及储备货币的过程。(RMB Internationalization)
10.	全球公共产品	quán qiú gōng gòng chǎn pǐn	能使不同地区的许多国家的人口乃至世界所有人口受益的公共产品。(Global Public Goods)

四、综合注释

1. 改革和开放犹如中国经济赖以腾飞的两翼。

诚如美国知名专家所言。

“犹如”是“好像、如同”的意思，“诚如”是“确实如同”的意思。两者的差别在于相似的程度，后者程度高于前者。与此类似的还有“正如”“恰如”等。

“赖以……”是指依赖着……。如“赖以生存”是指依赖着一个东西生活、生存。

①平静的湖面犹如一面大镜子，岸边的柳树对着镜子在梳理自己的长发。

②诚如各位所说，此事不能再拖了，要尽快解决。

③种植果树是他赖以为生的生计，全家都靠这个生活。

☞ **练一练：选择合适的词语填空。**

(1)天空中的云朵＿＿＿＿＿＿棉花一样洁白。(诚如、犹如)

(2)这件坏事＿＿＿＿＿＿你所说的，果然是他干的。(正如、比如)

(3)＿＿＿＿＿＿雨这样一直下下去，河水就会威胁到两岸居民。(例如、假如)

(4)健身的方法多种多样，＿＿＿＿＿＿散步、跑步、打太极拳等。(恰如、譬如)

☞ **练一练：用"赖以……"改写句子。**

(1)地球是我们生存唯一可以依赖的星球。

＿＿＿＿＿＿＿＿＿＿＿＿＿＿＿＿＿＿＿＿

(2)公司在创业初期，依靠员工是公司发展的根本。

＿＿＿＿＿＿＿＿＿＿＿＿＿＿＿＿＿＿＿＿

(3)依靠民间力量是民族文化传承的基础。

＿＿＿＿＿＿＿＿＿＿＿＿＿＿＿＿＿＿＿＿

2. 互为依托，彼此呼应。

"互为……"指两个事物之间的互相关系，如"互为表里"(比喻互相依存，互相接受)、"互为因果"(原因和结果相互联系，相互转化)等。

"彼此……"指两个事物之间的关系，如"彼此平等""彼此信任""彼此相爱"等。

①左半脑和右半脑各有所长，互为补充。

②毕业了，让我们彼此珍惜这份友情。

③只有彼此尊重，谈判才能继续。

☞ **练一练：用所给词语改写句子。**

(1)在学习方面，你是他的榜样；在体育方面，他是你的榜样。(互为……)

＿＿＿＿＿＿＿＿＿＿＿＿＿＿＿＿＿＿＿＿

(2)他依靠朋友把生意做大了，朋友依靠他把学业完成了。(互为……)

＿＿＿＿＿＿＿＿＿＿＿＿＿＿＿＿＿＿＿＿

(3)我们认识多年了，我了解他，他也了解我。(彼此……)

＿＿＿＿＿＿＿＿＿＿＿＿＿＿＿＿＿＿＿＿

(4)她嫉妒他的才华，他又嫉妒她的成绩。(彼此……)

＿＿＿＿＿＿＿＿＿＿＿＿＿＿＿＿＿＿＿＿

3. 中国非但不会走封闭僵化的老路，还会致力于消除贸易保护主义。

"非但"是"不但"的意思，用在递进复句的上半句，下半句一般使用连词"还""反而"等。

注意："不但"后可以使用肯定形式和否定形式。"非但"后一般只使用否定形式。

①这次投资，非但没赚钱，还赔了很多钱。

②你走路撞了别人，非但不道歉，反而责怪别人。

☞ **练一练：完成句子。**

(1) 别人好心帮助了你，你非但____________，还____________。

(2) 天气变冷了，他非但____________，反而____________。

(3) 今年春节，不但____________，而且____________。

4. 中国的关税总水平较上年实现了23%的平均降幅。

中国对非洲等地区的合作项目在促进当地工业化方面较西方方案有效得多。

"较"是"和……相比较"的意思，常用在书面语中。

①今日气温较昨日有了明显下降。

②今日股市较昨日涨幅更大。

③如今形势较以往更有利于我方。

☞ **练一练：用"较"将句子改为书面语。**

(1) 与真正的艺术家相比，他的作品更好。

____

(2) 和传统汽车相比较，电动汽车更加环保、安全。

____

(3) 在中国，与少数民族相比，针对汉族的文化研究更多。

____

五、综合练习

1. 选择恰当的词语填空。

展望　　希望　　愿望

(1) 她终于实现了上大学的____________。

(2) 最后，我们一起来____________一下世界经济的未来。

(3) 对这件事，他心里充满了____________。

支撑　　支持　　支出

(4) 我们____________你继续深造。

(5) 创业失败后，唯一____________我前进的东西就是大家的关爱。

(6) 这一个月生活费一共____________了3000元。

共赢　　共识　　共建

(7) 中南财经政法大学是教育部和财政部____________高校。

(8) 这个项目让所有参与方实现了____________。

(9) 双方只有达成了____________，这个计划才能实施。

呼应　　适应　　反应

(10) 刚来武汉的时候，不太____________这里的气候。

(11) 看领导的____________，应该是不会同意这个项目的。

(12)他们俩，一前一后，前后____________。

互联互通　　落地生根　　稳中求进

(13)工作不能太着急，应循序渐进、____________。

(14)高山上的野花随风飘向远方，____________，自然生长。

(15)中国高铁已实现了中等以上城市____________。

2. 用所给词语完成句子。

(1)今年以来，政府出台的一系列政策为____________________。(有力支撑)

(2)为发展绿色经济，这次会议____________________________。(着力推动)

(3)加大口罩的生产，以此来应对__________________________。(逐步攀升)

(4)改革开放四十年以来，______________________________。(骄人成就)

(5)市场的开放有利于经济发展，相反，____________________。(封闭僵化)

3. 用所给词语改写句子。

(1)当地政府积极发展旅游业，以此来搞活当地经济。(助力……发展)

____

(2)他的成功向世界证明了创新所带来的巨大力量。(向……昭示)

____

(3)随着对外开放的不断深化，政府逐渐扩大了外资的投资行业。(放宽……限制)

____

(4)这项改革措施和十年前的相比，没有很大的区别。(走……老路)

____

(5)这个城市的规划是所有城市的榜样。(值得……借鉴)

____

4. 排列顺序，组成语段。

(1)a. 到建立完善商事制度

b. 中国改革渐趋深化

c. 这一系列行动证明

d. 再到降低市场准入门槛

e. 从着力推动财税制度改革　　(　　)

(2)a. 过去五年

b. 现在，中国经济已与世界经济融合在一起

c. 中国对世界经济增长贡献率超过 30%

d. 中国将进口 24 万亿美元商品

e. 未来十五年　　(　　)

5. 调研写作。

每个国家的经济发展离不开世界经济。请查找相关资料，结合课文内容，就中国经济或你的国家的经济与世界经济之间的关系写一份报告。

六、拓展阅读

中国经济与世界经济的互动

中国是世界的中国，中国的发展与世界紧密相连。改革开放以来，中国积极顺应全球化潮流，坚持对外开放基本国策，打开国门搞建设，拥抱世界、学习世界，与世界良好互动、共同发展。

大规模“请进来”。打开大门的中国充满生机与活力，国际社会看好中国发展，越来越多的国家与中国开展合作，越来越多的外国企业来中国投资兴业，越来越多的外国人士来中国学习工作、观光旅游。1978 年至 2018 年，中国累计吸引非金融类外商直接投资 20343 亿美元，累计设立近 100 万家外商投资企业。2018 年，有 49.2 万余名外国留学人员来华学习。加入世界贸易组织后，中国参与经济全球化提质增速。2001 年至 2018 年，中国货物贸易进口额从 2436 亿美元增至 21358 亿美元，年均增长 13.6%，高于全球平均水平 6.8 个百分点；服务贸易进口额从 393 亿美元增至 5250 亿美元，年均增长 16.5%，占全球服务贸易进口总额的 9.4%。

大踏步“走出去”。从经贸投资到人文交流，从官方到民间，中国以前所未有的速度、广度和深度走向世界，开展全方位、宽领域、多层次的对外交流合作。对外投资合作持续健康发展，投资层次和水平不断提升，2018 年，中国对外直接投资 1430.4 亿美元，是 2002 年的 53 倍，年均增长 28.2%。对外贸易逐年增长，从 1978 年至 2018 年，中国对外贸易累计达到 521921.1 亿美元；2018 年，货物贸易和服务贸易出口额分别达到 24867 亿美元、2668 亿美元。近年来，中国连续保持世界第一大出境旅游客源国地位，2018 年，中国公民出境旅游近 1.5 亿人次。

发展自己、造福世界。对外开放为中国带来了资金、先进技术和管理经验，转变了中国人民的思想观念，激发了中国人民的创造热情，显著提升了中国的现代化建设水平。同时，中国的开放发展，为其他国家提供了广阔市场。中国开放投资与服务贸易，促进了当地经济增长和就业。中国积极参与国际分工，推动全球资源配置更加合理。中国出口产品品质优良，满足了国际市场需求，减少了民众支出，降低了通胀压力。中国人足迹遍及全球，极大促进了中外交流互鉴。

（作者：中华人民共和国国务院新闻办公室，选自《新时代的中国与世界》，有部分删改。）

根据以上短文回答问题。

1. 中国在与世界的互动中经历了哪些阶段？

____

____

2. 对外开放给中国带来了哪些好处？

____

____

词 汇 表

词语	词性	拼音	课
		A	
A股	专名	A gǔ	15
奥秘	名	ào mì	3
		B	
保持	动	bǎo chí	7
保险	名	bǎo xiǎn	8
爆发	动	bào fā	6
悲观	形	bēi guān	5
比较优势	专名	bǐ jiào yōu shì	10
比重	名	bǐ zhòng	9
必然	形	bì rán	4
编制	动	biān zhì	6
变革	动	biàn gé	9
遍及	动	biàn jí	14
禀赋	名	bǐng fù	10
并购	动	bìng gòu	14
补充	动	bǔ chōng	6
补贴	动、名	bǔ tiē	8
步伐	名	bù fá	14
不妨	副	bù fáng	7
不绝于耳	成	bù jué yú ěr	6
不良	形	bù liáng	4
不谋而合	成	bù móu ér hé	3
不惜	动	bù xī	4
不正当竞争	专名	bù zhèng dàng jìng zhēng	4

续表

词语	词性	拼音	课
		C	
财富	名	cái fù	6
财税制度	专名	cái shuì zhì dù	15
参股	动	cān gǔ	14
操纵	动	cāo zòng	4
差距	名	chā jù	8
茶余饭后	成	chá yú fàn hòu	2
拆分	动	chāi fēn	4
蝉联	动	chán lián	11
产能过剩	专名	chǎn néng guò shèng	10
产权	名	chǎn quán	14
常规	形	cháng guī	8
场面	名	chǎng miàn	2
厂长	名	chǎng zhǎng	3
倡议	动、名	chàng yì	10
超额	动	chāo é	8
超乎寻常		chāo hū xún cháng	10
成本	名	chéng běn	1
成交	动	chéng jiāo	1
成就	名	chéng jiù	6
诚如	动	chéng rú	15
承受	动	chéng shòu	7
城乡二元结构	专名	chéng xiāng èr yuán jié gòu	7
城乡一体化	专名	chéng xiāng yī tǐ huà	7
城镇化率	专名	chéng zhèn huà lǜ	7
承载	动	chéng zài	5
持	动	chí	5
持股	动	chí gǔ	13
持续	动	chí xù	6
迟钝	形	chí dùn	2
充分竞争	专名	chōng fēn jìng zhēng	14

续表

词语	词性	拼音	课
冲击	动	chōng jī	6
冲突	动	chōng tū	5
重组	动	chóng zǔ	4
筹划	动	chóu huà	10
出台	动	chū tái	7
储量	名	chǔ liàng	5
触动	动	chù dòng	14
创新	动	chuàng xīn	8
垂涎欲滴	成	chuí xián yù dī	2
春节联欢晚会	专名	chūn jié lián huān wǎn huì	2
次贷危机	专名	cì dài wēi jī	8
刺激	动	cì jī	2
刺激反应	专名	cì jī fǎn yìng	2
CPI	专名		12
粗放型发展	专名	cū fang xíng fā zhǎn	11
促进	动	cù jìn	4
存款准备金	专名	cún kuǎn zhǔn bèi jīn	8
措施	名	cuò shī	8
		D	
搭配	动	dā pèi	7
打工者	名	dǎ gōng zhě	7
打破	动	dǎ pò	4
大包干	专名	dà bāo gān	13
大锅饭	专名	dà guō fàn	13
大惊小怪	成	dà jīng xiǎo guài	1
大势已去	成	dà shì yǐ qù	1
大有所值		dà yǒu suǒ zhí	1
代价	名	dài jià	7
殆尽	动	dài jìn	9
待遇	名	dài yù	7
诞生	动	dàn shēng	6

续表

词语	词性	拼音	课
登记	动	dēng jì	7
低位	名	dī wèi	8
抵押	动	dǐ yā	8
第二次世界大战	专名	dì èr cì shì jiè dà zhàn	5
第三产业	专名	dì sān chǎn yè	11
地域	名	dì yù	10
颠覆性	名	diān fù xìng	9
奠定	动	diàn dìng	6
电信业	名	diàn xìn yè	4
调动	动	diào dòng	12
动力	名	dòng lì	9
动能	名	dòng néng	9
动因	名	dòng yīn	9
动员	动	dòng yuán	9
独步天下	成	dú bù tiān xià	3
短评	名	duǎn píng	5
对接	动	duì jiē	10
多边	形	duō biān	11
多亏	动	duō kuī	13
多元化经营	专名	duō yuán huà jīng yíng	3
		E	
恶化	动	è huà	5
		F	
发达	形	fā dá	2
发挥	动	fā huī	8
发酵	动	fā jiào	8
发力	动	fā lì	9
发言权	名	fā yán quán	6
发育	动	fā yù	12
发展观	名	fā zhǎn guān	11
发展中国家	专名	fā zhǎn zhōng guó jiā	10

续表

词语	词性	拼音	课
法案	名	fǎ àn	8
翻天覆地	成	fān tiān fù dì	11
繁荣	形	fán róng	12
反哺	动	fǎn bǔ	15
反弹	动	fǎn tán	9
反向	动	fǎn xiàng	7
方针	名	fāng zhēn	11
放缓	动	fàng huǎn	6
放宽	动	fàng kuān	15
放权让利	专名	fàng quán ràng lì	14
放任	动	fàng rèn	5
非均衡经济	专名	fēi jūn héng jīng jì	7
菲利浦斯曲线	专名	fēi lì pǔ sī qǔ xiàn	7
斐然	形	fěi rán	6
分工	动	fēn gōng	3
分红	动	fēn hóng	13
分离	动	fēn lí	12
分歧	动、名	fēn qí	1
份额	名	fèn é	11
封闭	动	fēng bì	15
风靡一时	成	fēng mǐ yī shí	5
逢	动	féng	11
扶持	动	fú chí	7
幅度	名	fú dù	3
负	形	fù	2
负面	形	fù miàn	5
负债	动	fù zhài	8
覆盖	动	fù gài	10
富集	动	fù jí	10
复苏	动	fù sū	8
付息	动	fù xī	8

续表

词语	词性	拼音	课
		G	
干扰	动	gān rǎo	4
甘心	动	gān xīn	13
改革开放	专名	gǎi gé kāi fàng	9
改制	动	gǎi zhì	9
盖房子		gài fáng zǐ	7
高估	动	gāo gū	5
高位	名	gāo wèi	9
高效	形	gāo xiào	4
格局	名	gé jú	12
根	名	gēn	7
功不可没	成	gōng bù kě mò	3
公粮	名	gōng liáng	13
公私	名	gōng sī	8
公有制经济	专名	gōng yǒu zhì jīng jì	9
巩固	动	gǒng gù	15
共识	名	gòng shí	15
共赢	动	gòng yíng	15
构想	名	gòu xiǎng	10
构筑	动	gòu zhù	10
估算	动	gū suàn	6
谷底	名	gǔ dǐ	9
古典经济学	专名	gǔ diǎn jīng jì xué	4
股东	名	gǔ dōng	13
股份	名	gǔ fèn	8
股票	名	gǔ piào	8
雇工	动	gù gōng	12
怪圈	名	guài quān	2
关税	名	guān shuì	15
关注	动	guān zhù	7
管理权	名	guǎn lǐ quán	14

续表

词语	词性	拼音	课
贯穿	动	guàn chuān	10
广度	名	guǎng dù	12
规划	名	guī huà	6
规律	名	guī lǜ	3
规模不经济	专名	guī mó bù jīng jì	3
轨迹	名	guǐ jì	11
国会	名	guó huì	6
国民经济	专名	guó mín jīng jì	6
国民生产总值	专名	guó mín shēng chǎn zǒng zhí	6
国民收入	专名	guó mín shōu rù	6
国债	名	guó zhài	8
		H	
含义	名	hán yì	1
旱	形	hàn	13
行列	名	háng liè	11
行业	名	háng yè	3
耗尽	动	hào jìn	5
核心	名	hé xīn	4
合作社	专名	hé zuò shè	13
轰动	动	hōng dòng	2
宏大	形	hóng dà	2
宏观经济	专名	hóng guān jīng jì	12
忽视	动	hū shì	6
呼应	动	hū yìng	15
户口	名	hù kǒu	12
化零为整	成	huà líng wéi zhěng	13
化整为零	成	huà zhěng wéi líng	13
欢呼雀跃	成	huān hū què yuè	2
欢乐	形	huān lè	2
环比	动	huán bǐ	8
焕然一新	成	huàn rán yī xīn	13

续表

词语	词性	拼音	课
辉煌	形	huī huáng	11
回顾	动	huí gù	3
汇率	名	huì lǜ	5
混合所有制	专名	hùn hé suǒ yǒu zhì	14
活跃	形	huó yuè	10
获益	动	huò yì	15
		J	
基地	名	jī dì	3
基金	名	jī jīn	8
激发	动	jī fā	12
跻身	动	jī shēn	11
机遇期	名	jī yù qī	9
机制	名	jī zhì	5
急不可耐	成	jí bù kě nài	2
急剧	形	jí jù	9
急需	动	jí xū	15
集体经济	专名	jí tǐ jīng jì	13
集体所有制	专名	jí tǐ suǒ yǒu zhì	12
极限	名	jí xiàn	5
给予	动	jǐ yǔ	13
既定	形	jì dìng	2
季度	名	jì dù	8
计划经济	专名	jì huà jīng jì	14
加仓	动	jiā cāng	15
假定	动	jiǎ dìng	7
价格歧视	专名	jià gé qí shì	1
价格战	专名	jià gé zhàn	4
家庭联产承包责任制	专名	jiā tíng lián chǎn chéng bāo zé rèn zhì	12
监督	动	jiān dū	12
艰难	形	jiān nán	6
渐趋	动	jiàn qū	15

续表

词语	词性	拼音	课
僵化	动	jiāng huà	15
讲价	动	jiǎng jià	1
降幅	名	jiàng fú	15
焦点	名	jiāo diǎn	14
交加	动	jiāo jiā	9
骄人	形	jiāo rén	15
角度	名	jiǎo dù	11
街头巷尾	成	jiē tóu xiàng wěi	2
接踵而来	成	jiē zhǒng ér lái	12
节点	名	jié diǎn	15
届	量	jiè	2
界定	动	jiè dìng	14
借鉴	动	jiè jiàn	15
津津乐道	成	jīn jīn lè dào	2
尽量	副	jǐn liàng	1
紧缺	形	jǐn quē	10
紧缩政策	专名	jǐn suō zhèng cè	7
进程	名	jìn chéng	6
进货	动	jìn huò	1
经济活力	专名	jīng jì huó lì	5
经济全球化	专名	jīng jì quán qiú huà	11
经济危机	专名	jīng jì wēi jī	6
经济新常态	专名	jīng jì xīn cháng tài	10
惊雷	名	jīng léi	13
经营权	专名	jīng yíng quán	12
警戒线	名	jǐng jiè xiàn	7
警惕	动	jǐng tì	7
净	形	jìng	6
境界	名	jìng jiè	10
竞相	副	jìng xiāng	12
居民	名	jū mín	7

续表

词语	词性	拼音	课
局面	名	jú miàn	4
局限性	名	jú xiàn xìng	6
举步维艰	成	jǔ bù wéi jiān	10
举措	名	jǔ cuò	9
巨额	形	jù é	10
巨头	名	jù tóu	4
卷土重来	成	juǎn tǔ chóng lái	1
决策	名	jué cè	5
决心	名	jué xīn	15
均衡	形	jūn héng	4
		K	
开发	动	kāi fā	3
开国元老	成	kāi guó yuán lǎo	5
开价	动	kāi jià	1
开启	动	kāi qǐ	9
砍伐	动	kǎn fá	5
考察	动	kǎo chá	3
看好	动	kàn hǎo	15
科教文卫	专名	kē jiào wén wèi	11
控股	动	kòng gǔ	14
口粮	名	kǒu liáng	13
跨国	动	kuà guó	10
跨越	动	kuà yuè	13
快车道	名	kuài chē dào	10
宽松政策	专名	kuān sōng zhèng cè	7
亏本	动	kuī běn	1
困惑	形	kùn huò	13
困境	名	kùn jìng	9
困扰	动	kùn rǎo	5
扩展	动	kuò zhǎn	10
扩张	动	kuò zhāng	4

续表

词语	词性	拼音	课
扩张性财政政策	专名	kuò zhāng xìng cái zhèng zhèng cè	8
		L	
拉动	动	lā dòng	9
蓝图	名	lán tú	10
浪潮	名	làng cháo	13
劳动生产率	专名	láo dòng shēng chǎn lǜ	3
涝	形	lào	13
乐观	形	lè guān	5
累计	动	lěi jì	8
理念	名	lǐ niàn	10
理性	形	lǐ xìng	6
历程	名	lì chéng	12
力度	名	lì dù	15
历届	形	lì jiè	11
联邦基金利率	专名	lián bāng jī jīn lì lǜ	8
联合国	专名	lián hé guó	6
量变	名	liàng biàn	14
两翼	名	liǎng yì	15
了事	动	liǎo shì	1
凌晨	名	líng chén	1
零售	动	líng shòu	12
领悟	动	lǐng wù	1
领先	动	lǐng xiān	3
领域	名	lǐng yù	5
路径	名	lù jìng	11
路线	名	lù xiàn	9
路子	名	lù zi	11
略微	副	lüè wēi	9
轮	量	lún	9
落地生根	成	luò dì shēng gēn	15
落后	形	luò hòu	2

续表

词语	词性	拼音	课
		M	
马歇尔难题	专名	mǎ xiē ěr nán tí	4
卖方市场	专名	mài fāng shì chǎng	12
买方市场	专名	mǎi fāng shì chǎng	12
满满当当	形	mǎn mǎn dāng dāng	13
满足	动	mǎn zú	2
蔓延	动	màn yán	8
盲目	形	máng mù	14
矛盾	名	máo dùn	4
冒死	副	mào sǐ	13
贸易保护主义	专名	mào yì bǎo hù zhǔ yì	15
枚	量	méi	3
煤炭	名	méi tàn	5
美国独立战争	专名	měi guó dú lì zhàn zhēng	5
密集	形	mì jí	8
密切	形	mì qiè	6
面貌	名	miàn mào	13
描述	动	miáo shù	7
民生	名	mín shēng	14
民营经济	专名	mín yíng jīng jì	7
明确	形	míng què	12
名义 GDP	专名	míng yì GDP	11
名正言顺	成	míng zhèng yán shùn	12
命脉	名	mìng mài	14
摸索	动	mō suǒ	6
模型	名	mó xíng	4
默默无闻	成	mò mò wú wén	3
谋求	动	móu qiú	14
		N	
乃至	连	nǎi zhì	3
难解难分	成	nán jiě nán fēn	4

续表

词语	词性	拼音	课
难以为继	成	nán yǐ wéi jì	10
闹肚子		nào dù zi	2
内需	名	nèi xū	7
能源	名	néng yuán	11
年宵市场	专名	nián xiāo shì chǎng	1
年夜饭	名	nián yè fàn	2
农民	名	nóng mín	7
农民工	名	nóng mín gōng	7
诺贝尔经济学奖	专名	nuò bèi ěr jīng jì xué jiǎng	5
		P	
牌	名	pái	3
排放	动	pái fàng	11
排挤	动	pái jǐ	4
攀升	动	pān shēng	15
盘活	动	pán huó	9
配置	动	pèi zhì	4
蓬勃	形	péng bó	12
批准	动	pī zhǔn	12
票证	名	piào zhèng	12
品牌	名	pǐn pái	3
平淡	形	píng dàn	2
平稳	形	píng wěn	9
评价	动、名	píng jià	2
破产	动	pò chǎn	9
破除	动	pò chú	15
迫使	动	pò shǐ	3
铺开	动	pū kāi	14
		Q	
期盼已久		qī pàn yǐ jiǔ	12
奇迹	名	qí jì	11
启发	动、名	qǐ fā	14

续表

词语	词性	拼音	课
杞人忧天	成	qǐ rén yōu tiān	5
企图	动	qǐ tú	5
契机	名	qì jī	10
契约	名	qì yuē	13
前景	名	qián jǐng	3
潜力	名	qián lì	10
前列	名	qián liè	12
前提	名	qián tí	1
欠债	动	qiàn zhài	13
强劲	形	qiáng jìng	9
抢占	动	qiǎng zhàn	4
巧合	形	qiǎo hé	13
清仓	动	qīng cāng	1
倾盆大雨	成	qīng pén dà yǔ	1
驱动	动	qū dòng	14
区间	名	qū jiān	9
趋势	名	qū shì	6
取长补短	成	qǔ cháng bǔ duǎn	12
取决	动	qǔ jué	2
取舍	动	qǔ shě	7
全方位	名	quán fāng wèi	10
全貌	名	quán mào	6
全球公共产品	专名	quán qiú gōng gòng chǎn pǐn	15
权力	名	quán lì	4
权利	名	quán lì	12
权限	名	quán xiàn	14
诠释	动	quán shì	10
券商	名	quàn shāng	15
缺陷	名	quē xiàn	5
R			
热门	名	rè mén	1

续表

词语	词性	拼音	课
热销	动	rè xiāo	3
人均可支配收入	专名	rén jūn kě zhī pèi shōu rù	13
人力成本	专名	rén lì chéng běn	10
人民币国际化	专名	rén mín bì guó jì huà	15
人民公社	专名	rén mín gōng shè	9
人文发展指数	专名	rén wén fā zhǎn zhǐ shù	6
人心涣散	成	rén xīn huàn sàn	13
忍	动	rěn	2
日趋	副	rì qū	11
融合	动	róng hé	10
融入	动	róng rù	11
若干	代	ruò gān	8
弱化	动	ruò huà	2
		S	
商事制度	专名	shāng shì zhì dù	15
商业银行	专名	shāng yè yín háng	8
尚未		shàng wèi	6
上行	动	shàng xíng	9
社会必要劳动时间	专名	shè huì bì yào láo dòng shí jiān	3
社会福利	专名	shè huì fú lì	11
社会主义市场经济体制	专名	shè huì zhǔ yì shì chǎng jīng jì tǐ zhì	9
设施	名	shè shī	7
设想	动	shè xiǎng	7
深度	名	shēn dù	12
深化	动	shēn huà	9
深刻	形	shēn kè	2
深远	形	shēn yuǎn	11
神经	名	shén jīng	2
渗透	动	shèn tòu	12
慎之又慎		shèn zhī yòu shèn	7
生产积极性	专名	shēng chǎn jī jí xìng	12

续表

词语	词性	拼音	课
生产效率	专名	shēng chǎn xiào lǜ	4
生产要素	专名	shēng chǎn yào sù	10
生儿育女	成	shēng ér yù nǚ	7
生理学	专名	shēng lǐ xué	2
升级	动	shēng jí	11
失效	动	shī xiào	5
失业率	专名	shī yè lǜ	7
十八届三中全会	专名	shí bā jiè sān zhōng quán huì	14
十九大	专名	shí jiǔ dà	14
十之八九	成	shí zhī bā jiǔ	1
实惠	名、形	shí huì	3
实践	动	shí jià	12
实体经济	专名	shí tǐ jīng jì	8
实质	名	shí zhì	10
时任	动	shí rèn	11
石油危机	专名	shí yóu wēi jī	6
市场失灵	专名	shì chǎng shī líng	5
市场占有率	专名	shì chǎng zhàn yǒu lǜ	3
市场准入门槛	专名	shì chǎng zhǔn rù mén kǎn	15
世代	名	shì dài	6
世纪之交		shì jì zhī jiāo	9
世贸组织	专名	shì mào zǔ zhī	9
世人	名	shì rén	15
试点	动	shì diǎn	14
释放	动	shì fàng	9
适时	形	shì shí	11
事务	名	shì wù	11
收购	动	shōu gòu	8
收缩	动	shōu suō	3
收益率	专名	shōu yì lǜ	14
授权	动	shòu quán	8

续表

词语	词性	拼音	课
书记	名	shū ji	13
属性	名	shǔ xìng	14
树立	动	shù lì	11
衰退	动	shuāi tuì	8
率先	副	shuài xiān	13
双边	形	shuāng biān	11
税式支出	专名	shuì shì zhī chū	8
顺应	动	shùn yìng	10
思路	名	sī lù	14
思维	名	sī wéi	5
私营经济	专名	sī yíng jīng jì	9
四季桔	专名	sì jì jú	1
松紧	名	sōng jǐn	7
诉求	名	sù qiú	10
所谓	形	suǒ wèi	3
所有权	专名	suǒ yǒu quán	12
		T	
台阶	名	tái jiē	3
贪婪	形	tān lán	5
摊位	名	tān wèi	1
谈判	动	tán pàn	11
探路者	名	tàn lù zhě	15
淘汰	动	táo tài	3
讨价还价	成	tǎo jià huán jià	1
讨老婆		tǎo lǎo po	7
特价	名	tè jià	1
特许	动	tè xǔ	4
特许经营	专名	tè xǔ jīng yíng	14
腾飞	动	téng fēi	15
体系	名	tǐ xì	6
替代	动	tì dài	6

续表

词语	词性	拼音	课
调整	动	tiáo zhěng	7
贴近	动	tiē jìn	11
停顿	动	tíng dùn	9
通货膨胀率	专名	tōng huò péng zhàng lǜ	7
通信	动	tōng xìn	4
统计	动	tǒng jì	6
投入	动、名	tóu rù	2
投资	动	tóu zī	3
突破口	名	tū pò kou	3
土地流转	专名	tǔ dì liú zhuǎn	13
退货	动	tuì huò	1
退税	动	tuì shuì	8
脱贫	动	tuō pín	11
脱颖而出	成	tuō yǐng ér chū	3
拓展	动	tuò zhǎn	15
		W	
外汇储备	专名	wài huì chǔ bèi	10
完全竞争	专名	wán quán jìng zhēng	4
完善	动	wán shàn	6
望而却步	成	wàng ér què bù	3
微波炉	名	wēi bō lú	3
微观经济	专名	wēi guān jīng jì	12
维护	动	wéi hù	15
围绕	动	wéi rào	6
唯一	形	wéi yī	1
委托	动	wěi tuō	14
位居	动	wèi jū	11
温饱	名	wēn bǎo	13
稳中求进		wěn zhōng qiú jìn	15
无心恋战	成	wú xīn liàn zhàn	1
午夜	名	wǔ yè	1

续表

词语	词性	拼音	课
物价	名	wù jià	7
X			
吸收	动	xī shōu	7
席卷	动	xí juǎn	13
系列	名	xì liè	4
系数	名	xì shù	1
下跌	动	xià diē	8
下滑	动	xià huá	8
下调	动	xià tiáo	8
下行	动	xià xíng	9
先见之明	成	xiān jiàn zhī míng	5
先行者	名	xiān xíng zhě	14
闲散	形	xián sǎn	12
显而易见	成	xiǎn ér yì jiàn	6
显露	动	xiǎn lù	6
限度	名	xiàn dù	3
宪法	名	xiàn fǎ	12
相称	形	xiāng chèn	13
相继	副	xiāng jì	12
乡镇企业	专名	xiāng zhèn qǐ yè	3
响应	动	xiǎng yìng	10
项目	名	xiàng mù	10
消费	动	xiāo fèi	2
消除	动	xiāo jiǎn	15
销量	名	xiāo liàng	1
携手	动	xié shǒu	10
新古典经济学	专名	xīn gǔ diǎn jīng jì xué	4
新生代	名	xīn shēng dài	7
新时代	专名	xīn shí dài	15
信贷	名	xìn dài	7
兴起	动	xīng qǐ	9

续表

词语	词性	拼音	课
形势	名	xíng shì	8
凶手	名	xiōng shǒu	5
修理	动	xiū lǐ	12
修正案	名	xiū zhèng àn	12
休止	动	xiū zhǐ	4
需求弹性	专名	xū qiú tán xìng	1
宣布	动	xuān bù	8
学者	名	xué zhě	5
循环	动	xún huán	9
寻求	动	xún qiú	3
循序渐进	成	xún xù jiàn jìn	14
		Y	
亚投行	专名	yà tóu háng	10
研发	动	yán fā	14
延伸	动	yán shēn	10
沿线	名	yán xiàn	10
沿着	介	yán zhe	12
养活	动	yǎng huo	13
要饭	动	yào fàn	13
一刀切	动	yī dāo qiē	14
一度	副	yī dù	13
一家独大		yī jiā dú dà	4
一文不值	成	yī wén bù zhí	1
一再	副	yī zài	6
依然	副	yī rán	2
伊始	动	yī shǐ	11
依托	动	yī tuō	15
以不变价计算	专名	yǐ bù biàn jià jì suàn	15
以点带面	成	yǐ diǎn dài miàn	14
以往	名	yǐ wǎng	15
毅然	副	yì rán	3

续表

词语	词性	拼音	课
意识	动	yì shí	2
引导	动	yǐn dǎo	8
引人瞩目	成	yǐn rén zhǔ mù	13
隐含	动	yǐn hán	2
饮鸩止渴	成	yǐn zhèn zhǐ kě	5
印象	名	yìn xiàng	2
盈利	名	yíng lì	1
应对	动	yìng duì	6
应用	动	yìng yòng	5
庸人自扰	成	yōng rén zì rǎo	5
永恒	形	yǒng héng	10
犹如	动	yóu rú	15
犹豫	形	yóu yù	1
囿于	动	yòu yú	10
有害	形	yǒu hài	5
有价证券	专名	yǒu jià zhèng quàn	8
有效	形	yǒu xiào	12
有效竞争	专名	yǒu xiào jìng zhēng	4
有序	形	yǒu xù	12
娱乐业	名	yú lè yè	2
羽绒服	名	yǔ róng fú	3
誉	动	yù	6
预备	动	yù bèi	1
预防	动	yù fáng	7
预算	名	yù suàn	8
预先	副	yù xiān	1
欲望	名	yù wàng	2
原材料	名	yuán cái liào	7
原理	名	yuán lǐ	2
愿景	名	yuàn jǐng	10
约束	动	yuē shù	4

续表

词语	词性	拼音	课
越过	动	yuè guò	7
运营商	名	yùn yíng shāng	4
Z			
再贴现(率)	专名	zài tiē xiàn(lǜ)	8
赞美	动	zàn měi	2
赞同	动	zàn tóng	5
增添	动	zēng tiān	2
增值	动	zēng zhí	4
扎实	形	zhā shi	15
招商引资	专名	zhāo shāng yǐn zī	13
昭示	动	zhāo shì	15
展望	动	zhǎn wàng	11
照搬	动	zhào bān	14
召开	动	zhào kāi	11
诊断	动	zhěn duàn	6
争论	动	zhēng lùn	9
政府债券	专名	zhèng fǔ zhài quàn	8
政治运动	专名	zhèng zhì yùn dòng	9
证据	名	zhèng jù	5
支撑	动	zhī chēng	15
支配	动	zhī pèi	6
知名	形	zhī míng	15
知识青年	专名	zhī shi qīng nián	9
指标	名	zhǐ biāo	6
旨在	动	zhǐ zài	8
质变	名	zhì biàn	14
质疑	动	zhì yí	6
制定	动	zhì dìng	4
致富	动	zhì fù	13
至关重要	形	zhì guān zhòng yào	4
治理	动	zhì lǐ	10

续表

词语	词性	拼音	课
秩序	名	zhì xù	15
滞胀	名	zhì zhàng	7
中共十八大	专名	zhōng gòng shí bā dà	10
中共十九大	专名	zhōng gòng shí jiǔ dà	11
中共中央总书记	专名	zhōng gòng zhōng yāng zǒng shū jì	11
重创	动	zhòng chuāng	9
众口难调	成	zhòng kǒu nán tiáo	2
众所周知	成	zhòng suǒ zhōu zhī	1
周年	名	zhōu nián	11
诸	形	zhū	10
逐步	副	zhú bù	4
逐渐	副	zhú jiàn	1
主导权	名	zhǔ dǎo quán	14
主管	动	zhǔ guǎn	12
主观	形	zhǔ guān	2
主线	名	zhǔ xiàn	12
主业	名	zhǔ yè	14
注册	动	zhù cè	12
注入	动	zhù rù	8
注资	动	zhù zī	8
住房	名	zhù fáng	7
助力	动	zhù lì	9
抓大放小	专名	zhuā dà fàng xiǎo	14
转型	动	zhuǎn xíng	11
庄稼	名	zhuāng jia	13
装饰	动	zhuāng shì	2
壮大	形	zhuàng dà	14
状态	名	zhuàng tài	4
追加	动	zhuī jiā	8
追求	动	zhuī qiú	4
着力	动	zhuó lì	15

续表

词语	词性	拼音	课
资产	名	zī chǎn	8
自给自足	成	zì jǐ zì zú	11
自由贸易区	专名	zì yóu mào yì qū	11
“走出去”战略	专名	zǒu chū qù zhàn lüè	10
租用	动	zū yòng	4
阻碍	动	zǔ ài	4
钻石	名	zuàn shí	2
最惠国税率	专名	zuì huì guó shuì lǜ	15
最佳	形	zuì jiā	4
坐牢	动	zuò láo	13